KB126451

수제맥주에서 스타트업까지
동남아를 찾습니다

수제맥주에서

스타트업까지

동남아를

밀레니얼을 위한
NEW 아세안 가이드

방정환 지음

찾습니다

미르북

일러두기

1. 본문에 실린 사진은 저자가 직접 촬영한 것이다. 저작권자로부터 제공받은 사진은 출처를 따로 표시했다.

2. 원고를 쓴 2018년 4월~2020년 7월 원달러 환율은 1,054~1,296원, 루피아달러 환율은 13,610~16,386루피아를 기록했다. 본문에는 칼럼 작성 당시의 환율을 그대로 적용했다.

3. 2020년 7월 31일 기준 한화 100원당 동남아시아 주요 화폐 가치는 다음과 같다.
   · 인도네시아 루피아(IDR): 약 1,223루피아
   · 말레이시아 링깃(MYR): 약 0.36링깃
   · 싱가포르 달러(SGD): 약 0.11달러
   · 필리핀 페소(PHP): 약 4.11페소
   · 태국 바트(THB): 약 2.6바트
   · 베트남 동(VND): 약 1,941동

왜 지금 아세안인가?

지난 몇 년간 한국 사회의 아세안ASEAN(동남아시아국가연합)에 대한 관심은 그 어느 때보다도 뜨거웠다. 동남아시아 10개 나라로 구성된 지역협력체인 아세안과 한국 간 물적, 인적 교류가 폭발적으로 늘어나면서 정서적 거리도 부쩍 가까워진 느낌이다. 실제 한-아세안센터에 따르면, 2019년 한국과 아세안을 오간 인원은 1,200만 명을 훌쩍 넘어섰다. 여기에 아세안은 한국의 제2의 교역 파트너이자 제3의 해외투자 대상지역으로 발돋움했다. 2019년 11월 부산에서 개최된 "2019 한-아세안 특별정상회의"와 "제1차 한-메콩 정상회의"는 아세안과 협력 관계를 기존 4대 강국 수준으로 끌어올리는 것을 목표로 추진돼온 현 정부의 신남방정책New Southern Policy을 중간 결산하는 계기로 남다른 시선을 사로잡았다.

2020년 상반기 전 세계를 휩쓴 코로나19(신종 코로나바이러스 감염증) 사태 여파 속에 양측 간 상생 무드도 숨 고르기에 들어간 분위기이다. 한국과 아세안 회원국들 모두 만만치 않은 타격을 입은 데다 하늘길, 바닷길이 잇따라 막히면서 관계 발전이 현실적으로 쉽지 않았기 때문이다. 그럼에도 불구하고, 한국 사회에 아세안이 갖는 중요성과 의의는 아무리 강조해도 지나치지 않다. 비로소 본격적으로 조명받기 시작한 아세안과 더불어 전진하는 앞날을 설계하려는 노력을 게을리해서는 안 된다. 이러한 측면에서 빼놓을 수 없는 것이 바로 밀레니얼 세대를 포함한 일반 국민들의 아세안에 대한 지속적인 관심이다.

『수제맥주에서 스타트업까지 동남아를 찾습니다』는 이런 필요성에서 탄생했다. 전반적인 인지도 상승에도 불구하고 여전히 낯설게 다가올 수 있는 아세안을 알기 쉽게 설명하는 데 중점을 뒀다. 무엇보다도 현지 체류 및 비즈니스 경험을 살려 아세안과 직접적으로 인연을 맺지 않은 대중도 부담 없이 책을 들고 호기심을 충족할 수 있게끔 초점을 맞췄다. 이를 위해 우선 아세안 사회의 이모저모를 현실감 있게 전달했다. 이어 한국과 아세안의 접점을 찾는 데 정성을 들인 한편, 가장 친숙한 국가인 인도네시아의 경우 별도의 장에서 다뤘다. 특히 최신 트렌드에 소홀하지 않도록 2010년대 중반 이후 뜨거워진 아세안 디지털 경제 및 스타트업 열풍을 인도네시아를 중심으로 함께 소개했다. 《매경프리미엄》의 "우리가 몰랐던 아시아"

코너에 2년 남짓 게재했던 칼럼들을 수정·보완한 내용을 바탕으로 《아세안익스프레스》에 기고한 원고를 일부 곁들었다.

전작 『왜 세계는 인도네시아에 주목하는가』를 출간한 지 4년여가 지났다. 인도네시아를 위주로 아세안 지역에 쏟은 시간과 애정만큼이나 조금은 시야가 넓어진 느낌이다. 그럼에도 불구하고 42개의 글 여기저기에서 부족한 점들이 눈에 띈다. 아세안을 아끼는 독자들의 따끔한 충고와 조언을 겸손하게 기다린다. 취재 및 원고 작성에 도움을 준 한국, 아세안에서 만난 모든 이들과 출판을 세심하게 챙겨준 눌민 관계자들에게 고마움을 전하고 싶다. 마지막으로 언제 어디에서나 저자를 응원해주는 가족에게 이 책을 바친다.

2020년 여름을 보내며
방정환

차 례

동남아시아 전도

마닐라

필리핀

민다나오

술루 제도

술라웨시

동티모르

1

우리가 몰랐던
아세안

동남아시아 사회를 이해하는 핵심 키워드, "아세안 방식"

"동남아시아 공무원들과 미팅을 하고 나면 속이 터져요. 이메일 답변은 하세월이고, 답답해서 전화를 걸면 알겠다는 말만 되풀이하지 진척되는 일이 없어요."

동남아 시장 문을 두드리는 주변 기업인들이 종종 어려움을 털어놓는다. 그중에는 업무차 명함을 건넨 동남아 공무원들의 급할 것 없다는 업무 태도에 속앓이를 하는 경우도 많다. 요구 사항을 당장이라도 들어줄 것 같은 첫 만남의 화기애애함은 온데간데없이 사라지고 담당자의 회신은 더디기만 하다. 가부 결정을 기다리다 지친 중소기업 임직원, 스타트업 창업자들이 "희망고문이 따로 없다"고 하소연을 하는데 안쓰러움마저 든다.

동남아 공무원 사회의 여유로운(?) 업무 처리는 여러 가지 측면에서 생각해볼 수 있다. 우선 대다수 동남아 방문객들이 공감하는 사회 전반의 느릿한 생활 습관을 들 수 있다. 연중 무더위가 지속되는 적도에 걸쳐 있는 지리적 특성상 동남아에서 한국인 특유의 "빨리 빨리" 문화를 기대하기는 쉽지 않다. 이와 함께 동남아 공무원들의 "갑"의 자세에도 주목할 필요가 있다. 천연자원의 천국 동남아에는 전통적으로 사업 인허가권 등을 움켜쥔 공무원들의 영향력이 남다르다. 여기에 최근 경제가 성장 가도를 달리면서 비즈니스 기회를 찾아 전 세계의 자본과 인력이 몰려들고 있다. 이렇듯 수요가 공급을 초과하는 상황에서는 아무래도 공무원 조직보다 민간 기업들이 몸이 달 수밖에 없다.

물론 동남아 공무원들 모두가 불만의 화살을 맞는 것은 아니다. 예를 들어 인프라 개발, 공장 신설 등을 위해 외자 유치에 사활을 건 지방 공무원들은 상대적으로 업무를 진행하는 데 적극적이고 그만큼 현장의 볼멘소리도 적다. 그리고 공무원 사회의 복지부동 분위기는 지역을 막론하고 일정 부분 지구촌의 공통 현상이기도 하다. 전문가들은 싱가포르 등을 제외한 공무원 조직의 전반적인 느린 업무 태도가 동남아를 이해하는 핵심 키워드와 직결돼 있다고 입을 모은다. 동남아 10개 나라로 구성된 지역협력기구 아세안의 운용 방식인 "아세안 방식ASEAN Way"이 바로 그것이다.

1990년대 초반 무렵 본격화된 것으로 알려진 아세안 방식은 아세안의 작동 원리로 해석할 수 있다. 구체적으로는 2017년 설립 50주

인도네시아 중앙은행 공무원들과 만난 한국 IT 분야 기업인들

년을 기념했던 아세안을 이끌어온 일련의 규약들을 의미한다. 아세안 방식은 "내정 불간섭Non-Interference"과 "합의에 기반한 의사결정 Consensus Decision-Making" 원칙에 기반을 두고 있다. 2015년 말 12월 31일 아세안경제공동체AEC, ASEAN Economic Community를 출범시키며 단일 시장 협력체를 선언한 아세안을 세도직으로 뒷받침해온 두 축이다.

아세안 회원국들은 그동안 상호 내정에 간섭하지 않는다는 방침을 고수해왔다. 국제 사회에 커다란 논란을 불러일으켰던 로힝야족 난민 사태는 아세안의 불간섭 원칙을 보여주는 대표적 사례로 꼽힌다. 실제 이슬람계 소수민족 로힝야족에 대한 미얀마 정부군의 학살에 항의하는 인도네시아, 말레이시아 민간 무슬림 단체들의 시위가 이어졌지만 정작 역내 국가 차원에서는 눈에 띌 만한 움직임을 찾아보기 어려웠다.

합의에 기반한 의사결정 역시 역사적으로 뿌리내려온 메커니즘이다. 아세안 지도자들은 민감한 사안은 일단 보류한 채 합의를 이끌어낼 수 있는 문제들을 끊임없이 논의하면서 의견을 모아왔다. 인도네시아에서 30년 넘게 거주한 한 교민은 "지방 국립대학의 단과대학장 선거 등도 비슷한 과정으로 진행된다"며 "몇 달, 몇 년이 걸리더라도 구성원들의 합의를 통해 결국 만장일치로 리더를 추대한다"고 강조했다.

아세안을 떠받치는 두 가지 원칙을 바라보는 외부의 시선은 다소

인도네시아 자카르타에 위치한 아세안 사무국ASEAN Secretariat 내에 전시된 그림. 아세안의 "건국의 아버지Founding Fathers"로 불리는 말레이시아와 싱가포르, 인도네시아, 태국, 필리핀의 외무장관 다섯 명이 1967년 8월 8일 태국 방콕에서 창립선언문에 서명하는 모습.

엇갈린다. 동남아 사회의 특수성이 반영된 고유한 방식이라는 긍정적인 평가가 있는가 하면, 저마다 이해관계가 다른 10개 국가가 모여 탄생한 지역협력체의 현실과 동떨어진 규범이라는 회의적 인식도 존재한다. 특히 서구권에서는 내정불간섭 원칙에 얽매여 인권 탄압 및 환경 파괴 이슈 등에 침묵하는 점, 다수결 원칙을 배제하고 합의에 바탕을 둔 의사결정에 의존하는 데 따른 비효율성 등을 지적하기도 한다.

하지만 아세안 방식이 동남아 사회 전역에 깊숙이 자리 잡아왔음은 부정할 수 없는 사실이다. 그리고 일각의 부정적 시각에도 불구하고, 앞으로도 아세안의 주요 제도적 장치로 중요성을 뽐낼 가능성이 높다. 그렇다면 아세안 방식을 존중하고 이해하려는 노력을 기울임으로써 현지인들에게 한 걸음 다가가는 편이 현명하지 않을까. 동남아 공무원 조직의 느긋함을 탓하기에 앞서 그들의 입장에 서보려는 자세가 필요한 것처럼 말이다.

출범 5년 맞은
아세안경제공동체

코로나19 사태가 지구촌을 공포로 몰아넣은 2020년 상반기 아세안 역시 뒤숭숭한 분위기이다. 2월까지만 해도 다른 대륙에 비해 상대적으로 코로나19 확산세가 더뎠지만, 3월 중순에 접어들며 확진자와 사망자가 급증하면서 위기감을 키웠다. 필리핀이 수도 마닐라가 위치한 북부 루손섬을 봉쇄한 한편, 싱가포르와 말레이시아, 태국 등은 외국 방문객의 입국을 전면 금지하는 초강수를 뒀다. 역내 일부 나라의 열악한 의료 체계가 사태의 심각성을 더하는 가운데 올해 아세안 의장국인 베트남 중부의 다낭에서 4월 초 진행될 예정이었던 "제36차 아세안 정상회의36th ASEAN Summit" 또한 6월 말 뒤늦게 화상회의로 개최됐다.

동티모르를 제외한 동남아 10개 국가로 구성된 지역협력체인 아세안은 1976년 인도네시아 발리 정상회의를 시작으로 원칙적으로 매년 두 차례 정상회의를 개최해왔다. 10개 회원국들이 알파벳 순서에 따라 번갈아 가며 1년씩 의장직을 수행하면서 아세안을 둘러싼 현안과 이슈들을 논의한다. 상반기 정상회의가 회원국 정상들이 한자리에 모이는 이벤트라면 하반기 정상회의는 역외로 문호를 개방한 것이 특징이다. 실제 "아세안+3 정상회의ASEAN+3 Summit"에는 한국과 일본 및 중국의 리더들이, "동아시아 정상회의EAS, East Asia Summit"에는 여기에 호주와 뉴질랜드, 인도, 미국 및 러시아의 국가수반들이 함께 회의에 참석한다.

한국 외교부에 따르면, 2019년 의장국이었던 태국으로부터 바통을 넘겨받은 베트남은 "단결되고 효과적으로 대응하는 아세안 Cohesive and Responsive ASEAN"을 올해 아세안의 테마로 소개했다. 베트남 외교부는 아세안의 결속과 경제통합, 정체성 등을 강화하는 노력이 단결된 아세안을 나타낸다고 강조했다. 최근 비약적인 경제성장 가도를 달리며 아세안 내 영향력 확대를 꾀하고 있는 베트남이 야심 차게 내세운 비전에서 외부인들의 시선을 사로잡는 것은 아무래도 경제통합이다. 그리고 그 중심에는 탄생 5년차를 맞은 "아세안경제공동체AEC, ASEAN Economic Community"가 자리 잡고 있다.

아세안은 회원국들 간 협력을 증진하고 외연을 넓히는 것을 주목적으로 2015년 12월 31일 "아세안공동체ASEAN Community"를 출범했다. 1968년 설립 후 47년 만에 "공동체" 수준으로 높아진 아세안 지

인도네시아 자카르타에 위치한 아세안 사무국 신청사

역 통합은 정치·안보공동체Political-Security Community와 경제공동체 Economic Community, 사회·문화공동체Socio-Cultural Community 등 3개 축을 기반으로 하고 있다. 2018년 기준 인구 6억 5,000만 명의 아시아 3위, 세계 6위 규모 경제권으로 발돋움한 아세안경제공동체는 그중에서도 국제 사회의 남다른 눈길을 끌어왔다. 아세안을 하나의 시장이자 생산 기지로 묶는 아세안경제공동체의 목표가 실현된다면 회원국들 간에 상품과 서비스, 투자, 자본 및 숙련 인력이 자유롭게 이동하는 동남아판 유럽연합EU의 꿈이 보다 현실에 가까워질 것이라는 기대감 덕분이었다.

실제 지난 4년간 아세안경제공동체는 단일 경제권 구축에 필수적인 시장 통합에 팔을 걷어붙여왔다. 우선 10개 회원국 간 상품 무역에 부과되는 관세가 사라졌다. 2003년 1월 "아세안자유무역지대 ASEAN Free Trade Area" 발효 후 지속적으로 낮아져온 관세는 2018년 1월 1일 전면 철폐됐다. 무역 절차 간소화를 통한 역내 교역 활성화를 위해 "아세안 싱글 윈도우ASEAN Single Window" 시스템을 추진해온 것 또한 빼놓을 수 없다. 아세안은 회원국들의 통관 체계를 상호 연계한 전자 통관 시스템인 싱글 윈도우를 2019년 말 완성했다. 이밖에 아세안이 참여한 지구촌 최대 다자 자유무역협정인 "역내포괄적 경제동반자협정RCEP, Regional Comprehensive Economic Partnership" 협정문이 지난해 타결되는 데도 리더십을 발휘했다는 평가다.

물론 아세안경제공동체 시대가 정착되기 위해서는 해결해야 할 과

아세안 사무국 신청사 내부에 마련된 아세안 엠블럼과 10개 회원국 국기들

제들도 만만치 않다. 관세장벽과는 달리 인증제도, 지식재산권, 이민 정책 등과 관련된 비관세장벽의 위력은 여전하다고 전문가들은 입을 모은다. 이와 더불어 아세안 본부 역할을 수행하는 자카르타 소재 상설 사무국인 아세안 사무국의 인력과 예산 부족을 지적하는 목소리 역시 끊이지 않는다. 일찌감치 선진국 대열에 합류한 싱가포르부터 1인당 국내총생산GDP, Gross Domestic Product(이하 GDP)이 1,300달러 수준에 불과한 미얀마까지 천차만별인 경제력도 아세안경제공동체의 실질적 구현에 험난한 여정을 예고해왔다. 그럼에도 불구하고 2010년대 들어서 국제 무대에서 한껏 기지개를 켜온 아세안경제공동체의 위상은 2030년 GDP 5조 달러의 세계 4위 경제 블록으로 도약하겠다는 청사진에 조금씩 힘을 실어주고 있다. 마지막 기회의 땅이 될지도 모르는 아세안에 한국과 한국 기업들이 더욱 주목해야 할 이유이다.

대중교통 확충과
동남아시아의 앞날

인도네시아 자카르타와 필리핀 마닐라, 그리고 태국 방콕. 1,000만 명이 넘게 거주하는 동남아시아 3개 나라의 수도인 이들에는 한 가지 공통점이 있다. 바로 살인적인 교통난에 허덕이는 거대 도시라는 사실이다. 세 곳은 전 세계 주요 지역의 교통체증 및 혼잡도 순위를 매기는 국제 조사에서 예외 없이 상위권에 이름을 올려왔다. 이들 도시를 중심으로 여행 혹은 출장을 다녀왔다면 가다 서다를 반복하는 답답한 차량 흐름에 연신 한숨을 내쉬었던 기억이 대부분 있을 것 같다.

개인적으로 동남아의 악명 높은 교통체증을 실감한 것은 자카르타에서 동남쪽으로 약 130킬로미터 떨어진 인도네시아 제3의 도시 반둥에 체류할 무렵이었다. 반둥 중심부와 인근 2개 도시를 연결하는 여객 운송업에 종사하는 한국계 투자기업에서 근무하며 현지 교통 인프라에 자연스럽게 눈길이 끌렸다. 무엇보다도 열악한 대중교통 시스템이 시선을 사로잡았다. 한국의 지하철과 같은 MRT(도시고속철도)는 구경할 수 없었고 버스 또한 교통 수요를 충족하기에 질적, 양적으로 부족했다. 대다수 현지인들은 출퇴근, 등하교 등 일상의 활동을 오토바이 혹은 앙콧Angkot으로 불리는 소형 승합차에 의존했다. 경제성장에 발맞춰 도시 안팎으로 이동 욕구는 급증했지만, 개보수 작업이 만성화된 기존 교통 인프라스트럭처로는 감당하기 어려운 형편이었다.

반둥을 떠나 자카르타로 옮겨온 뒤 목격한 현장은 더욱 심각했다. 대중교통 확충과 도로망 정비는 더딘 가운데 도로에는 매일같이 1,000여 대 차량이 새롭게 쏟아져 나왔다. 경제가 발전 가도를 달리면서 주머니 사정에 여유가 생긴 중상류층이 앞다퉈 차량 구매에 열을 올린 까닭이다. 그 결과 사람과 오토바이, 자동차 등이 뒤엉키게 되었고, 금요일 퇴근길 자카르타 시내에서 2킬로미터를 움직이는 데 무려 세 시간을 도로 한복판에 갇혔던 경험도 있다. 현지인들도 교통 정체를 피해 가지 못하기는 마찬가지였다. 극심한 교통체증으로 공항에 늦게 도착해 항공편을 놓치는가 하면, 국영 항공사의 CEO(최고경영자)가 "장관이 참석하는 회의에 지각할까 봐 승용차에서 내려 오토바이를 이용했다"는 얘기가 언론에 보도되기도 했다. 오죽하면 대통령조차 나서 "교통 정체로 인해 연간 65조 루피아(약

2019년 3월 개통된 자카르타 MRT 1단계 구간 객차 내부

5조 2,400억 원)를 길바닥에 버리고 있다"고 한탄했을 정도이다.

도시 규모에 관한 한 둘째가라면 서러운 마닐라와 방콕의 상황도 크게 다르지 않아 보인다. 마닐라의 경우, 두 개의 LRT(경전철) 노선과 한 개의 MRT 노선이 운영되고 있지만 이미 수용 능력을 넘어선 지 오래이다. 출퇴근 시간이면 마닐라 시내가 거대한 주차장으로 변하는 악순환이 반복되면서 연간 18억 달러(약 2조 2,200억 원) 규모의 경제적 손실이 발생한다는 분석이 제기돼왔다. 도심 곳곳을 촘촘하게 연결한 BTS(지상철)를 앞세워 한때 싱가포르를 제외한 동남아에서 가장 앞선 대중교통 체계를 자랑했던 방콕의 위상도 예전만 못하다는 지적이다. 특히 방콕 중심부와 외곽 지역을 잇는 노선 확장이 늦어지면서 러시아워에는 교통지옥이 따로 없다는 불만이 끊이지 않는다.

그나마 각국 정부가 대중교통망 확장의 필요성에 공감하며 팔을 걷어붙이고 있는 점은 긍정적이다. 인도네시아에서는 2017년 12월 공항철도가 개통된 데 이어 2019년 3월 자카르타 남부와 중심부를 잇는 MRT 1단계 구간이 완공됐다. 여기에 LRT 1단계 구간도 같은 해 12월 상업 운영에 들어갔다. 실제 정치적 이유와 예산 부족 등으로 공사 지연이 반복됐던 인도네시아 1호 MRT에 대해 현지인들은 만족감을 숨기지 않고 있다. 필리핀 역시 2025년까지 마닐라 남북을 관통하는 25.3킬로미터 길이 지하노선을 신설해 도심 접근성을 획기적으로 높인다는 청사진을 마련했다. 그랩Grab, 고젝Go-Jek 등 대

2019년 3월 개통된 자카르타 MRT 1단계 구간 역사 플랫폼

중교통의 빈자리를 메우고 있는 앱(애플리케이션) 기반 차량 호출 서비스가 급성장한 배경과도 밀접하게 연관된 해묵은 교통체증 이슈. 동남아 각국의 대중교통 인프라스트럭처 개선 구상이 어떻게 실현돼나갈지 지켜볼 일이다.

기지개 켜는
동남아시아 수제맥주 시장

"2018 FIFA 러시아 월드컵"이 한창이던 2018년 7월 중순의 토요일 저녁. 베트남의 경제수도 호치민시 중심부의 파스퇴르 거리는 주말을 즐기려는 현지인들과 외국인 관광객들로 늦은 시간까지 북적거렸다. 복잡한 인파를 헤치며 필자 일행은 파스퇴르 스트리트 브루잉 컴퍼니Pasteur Street Brewing Company로 발걸음을 옮겼다. 파스퇴르 거리 골목 한편에 위치한 호치민시에서 손꼽히는 수제맥주 양조장이었다. 간판을 따라 벽돌 건물 2층으로 올라서니 젊은 서양 손님들이 다수를 차지하는 아담한 매장이 나타났다. 입구 쪽에 자리를 잡고 두 종류의 수제맥주 테스터를 주문했다. 잠시 뒤 서비스로 제공된 초콜릿과 함께 테이블 위에 올려진 맥주잔을 입으로 가져갔다. 풍부한 향과 쌉쌀한 청량감이 무더위를 한순간에 잊게 해줄 만큼 인상적이었

베트남 호치민시의 파스퇴르 스트리트 브루잉 컴퍼니에서 제조되는 수제맥주

다. 맥주 양조 분야에 해박한 일행은 "서울의 고급 수제맥주와 비교해도 뒤처지지 않는 수준"이라며 연신 감탄사를 내뱉었다.

최근 동남아시아에 "수제맥주Craft Beer(일반적으로 개인 혹은 소규모 양조장에서 자체적으로 제조법을 개발해 만든 맥주를 지칭)" 바람이 불고 있다. 미국과 유럽, 호주 등 서구 사회의 전유물로 여겨졌던 수제맥주는 1990년대 중·후반부터 일본을 필두로 아시아권에도 조금씩 소개됐다. 그리고 이제는 얼마 전까지만 해도 몇몇 대도시를 제외하면 구경조차 하기 힘들었던 수제맥주 문화가 동남아 대부분 국가들로 확산되고 있다.

현지 언론 등에 따르면, 동남아 수제맥주 붐의 선두 주자는 단연 싱가포르이다. 일찌감치 글로벌 도시로 발돋움한 싱가포르에서는 2009년 무렵 유럽산 수제맥주가 인기를 모으기 시작했다. 필자 역시 싱가포르에서 근무하던 2011년 처음 수제맥주를 접했다. 직장 동료들과 함께 번화가의 유명 수제맥주집에서 맥주잔을 기울이며 신세계(?)에 빠졌던 기억이 생생하다. 현재는 호커센터로 불리는 노점들 중에서도 수제맥주를 판매하는 곳이 있을 정도로 입지를 다진 상태이다. 싱가포르에 이어 동남아 수제맥주 붐의 바통을 넘겨받은 나라는 태국이다. 2010년대 초반 독일 및 덴마크산 수제맥주 등이 수도 방콕 등지에 본격적으로 알려졌다. 지금은 베트남, 캄보디아, 미얀마 등 인도차이나반도의 인근 국가들로도 수제맥주 문화가 퍼져나가고 있다.

특히 최근에는 수제맥주를 수입·유통하는 데 그치지 않고 직접 맥주를 제조하는 양조장들이 늘어나 눈길을 사로잡고 있다. 2014년 미국인 양조 전문가들이 호치민시에서 설립한 후 탄탄대로를 달리며 베트남 내에서만 200여 개 레스토랑, 주류 전문점 등에 수제맥주를 공급하고 있는 파스퇴르 스트리트 브루잉 컴퍼니가 대표적이다. 동남아 해양부에 속한 필리핀 전역에도 40개 이상의 양조장들이 다양한 맛과 향의 수제맥주를 생산하는 것으로 알려졌다. 반면 이슬람권인 인도네시아와 말레이시아의 경우, 음주를 금지하는 이슬람 율법의 영향 등으로 수제맥주 산업이 상대적으로 발달하지 못한 형편이다.

이렇듯 동남아 수제맥주 시장이 기지개를 켜는 것은 여러 가지 요인에 기반을 두고 있다. 우선 지속적인 경제성장을 들 수 있다. 동남아 지역은 지난 10년간 연평균 5퍼센트가 넘는 높은 경제성장률을 기록하며 전 세계의 관심을 끌어왔다. 새로운 성장 동력으로 떠오른 동남아로 외국 자본과 인력이 몰려들면서 서양인들을 중심으로 수제맥주를 찾는 수요 또한 자연스럽게 늘어나는 추세이다. 이와 더불어 동남아가 오랜 기간 유럽 열강의 식민 지배를 받으며 서양식 음주 환경에 노출돼온 점도 빼놓을 수 없다. 실제 베트남이 한국에 이어 아시아에서 두번째로 성인 1인당 평균 알코올 소비량이 많은 나라로 조사되는 등 동남아 사회에 맥주는 낯설지 않은 이름이다.

동남아 수제맥주 바람이 더욱 거세지기 위해서는 해결해야 할 과

태국 치앙마이에서 판매되는 두 종류의 현지산 수제맥주와 라오스산 수입 맥주

제들도 산적해 있다. 대다수 현지인들에게는 부담스러운 일반 맥주 대비 비싼 가격, 맥주 냉장 보관 및 유통 체계의 미비, 현지 원료 조달의 어려움 등은 수제맥주업계의 앞날에 놓인 장애물이다. 그럼에도 불구하고 수제맥주 시장의 성장은 동남아의 매력을 높여주는 반가운 뉴스로 환영받고 있다. 동남아 수제맥주 문화가 어떻게 발전해 나갈지 지켜볼 일이다.

코로나19 사태로 신음하는
"아시아의 강소국" 싱가포르

2020년 6월의 시작을 눈앞에 둔 인도네시아 사회는 이래저래 어수선하다. 여느 때 같으면 이슬람권을 대표하는 명절인 르바란Lebaran 연휴가 한창이겠지만, 코로나19 사태를 피해 가지 못한 올해는 분위기가 사뭇 다르다. 세계 최대 무슬림(이슬람 신자) 국가 인도네시아에는 라마단Ramadan 금식기가 끝난 뒤 이둘 피트리Idul Fitri 축제와 더불어 3,000여만 명이 고향으로 떠나는 광경이 펼쳐져왔다. 하지만 여전히 매일 수백 명 규모의 신규 확진자가 발생하는 등 코로나19 사태가 진정될 기미가 보이지 않으면서 인도네시아 정부는 당초 5월 24, 25일 이둘 피트리 공휴일에 이어지는 26~29일 르바란 연가대체 휴일을 12월 28~31일로 옮겼다. 이와 함께 공무원, 공공기관 직원 등이 귀향길에 오르는 것 또한 원칙적으로 금지했다. 이에 따라 열흘 남짓한 연중 최장 연휴를 누려왔던 그동안의 떠들썩함을 찾아보기는 쉽지 않은 형편이다.

물론 민간의 귀성 행렬 자체는 제한되지 않은 가운데, 15세기로 거슬러 올라간다고 알려진 르바란의 오랜 전통에 충실하려는 움직임도 곳곳에서 발견된다. 현지 언론보도 등에 따르면, 르바란 연휴의 막이 오른 5월 21, 22일 주요 도시의 전통시장 등에 인파가 놀리면서 교통량 역시 대폭 늘어났다. 여기에 수도권을 벗어난 지방을 중심으로 가족, 친지들과 어울려 르바란을 즐기는 광경도 심심치 않게 목격됐다. 연휴 기간 대통령궁에서 머물 것이라고 밝힌 조코 위도도(이하 조코위) 대통령의 "각자의 집에서 안전한 르바란을 보내자"는 당부가 무색해질 정도다.

인도네시아 못지않게 코로나19가 위력(?)을 떨치고 있는 나라가 이웃해 있다. 바로 5월 말 기준 아세안에서는 유일하게 확진자 수가 3만 명을 돌파한 싱가포르가 그 주인공이다. 한국과 비슷한 시기인 1월 하순 첫 확진자가 보고된 싱가포르에는 지금도 수백 건의 감염 사례가 하루가 멀다 하고 전해지고 있다. 6만 달러가 넘는 1인당 GDP를 자랑하는 싱가포르는 아시아권에서는 드물게 북미, 유럽 국가들과 어깨를 나란히 한다는 평가를 받아왔다. 소득 수준에 걸맞은 선진 의료 및 보건 시스템 등을 갖춘 싱가포르가 코로나19 확산의 직격탄을 맞고 신음하는 모습은 의외라는 분석이 대체적이다.

사실 싱가포르는 사태 초기 코로나19의 지역 사회 감염을 최소화

영상 메시지를 통해 국민들에게 안전한 르바란 연휴를 보낼 것을 당부하는 조코위 인도네시아 대통령 내외(주한 인도네시아 대사관 제공)

하면서 외신 등으로부터 방역 모범국으로 불렸다. 대외 의존도가 높고 감염병에 취약하기 마련인 섬나라의 특성상 중국발 입국을 차단하는 등 발 빠르게 바이러스 전파를 막는 선제 조치를 취했기 때문이다. 하지만 한국 등과는 달리 싱가포르 정부가 건강한 사람은 마스크를 쓸 필요가 없다는 느슨한 방역 지침을 고수하면서 결국 4월에 접어들어 경로를 파악하기 힘든 감염 확진자가 속출했다. 실제 2월 하순 싱가포르에 다녀왔던 필자의 지인도 "시내 중심가에서 마스크를 착용한 사람을 찾아보기 어려웠다"고 우려감을 표시한 바 있다. 이밖에 초기 방역 성과에 대한 자신감을 바탕으로 3월 하순 전국의 유치원과 초·중·고교 개학을 무리하게 밀어붙인 점도 사태를 악화시킨 요인으로 꼽힌다.

이후 이주 노동자 기숙사에서 집단 감염이 걷잡을 수 없이 퍼지면서 싱가포르의 코로나19 사태는 악화일로를 걸었다. 현재 싱가포르에는 인도, 방글라데시, 미얀마 등 출신의 이주 노동자 30만 명가량이 건설 현장 등에서 근무하고 있다. 이들은 수십, 수백여 명이 비좁은 공간에서 공동생활을 하고 있으며, 전체 확진자의 90퍼센트 이상을 차지하는 것으로 확인된다. 즉 비위생적인 기숙사 환경을 뇌관으로 코로나19 대규모 감염이 현실화되면서 "아시아의 강소국" 명성에 타격을 입은 것이다. 싱가포르 정부는 6월 2일부터 국가 정상화를 위한 단계별 경제 회복 방침을 시행해나갈 계획이다. 확진자에 비해 사망자 숫자는 20여 명 수준으로 치사율이 낮게 유지되고 있고, 이

도시국가 싱가포르의 전경

주 노동자를 제외한 지역 사회 감염도 심각하지 않다는 판단에서다.
올해 경제성장률 전망치를 -7.0~-4.0퍼센트까지 거듭 하향 조정한
싱가포르가 전례 없는 위기를 어떻게 극복해나갈지 지켜볼 일이다.

다양성 사회,
동남아시아

2019년 구정 연휴 기간 가장 눈길을 끌었던 국제 뉴스가 제2차 북미정상회담이었다는 데 별다른 이견은 없을 것 같다. 도널드 트럼프 미국 대통령은 2019년 2월 5일(현지 시간) 진행된 신년 국정 연설에서 두번째 북미정상회담을 2월 27, 28일 베트남에서 개최한다고 밝혔다. 2018년 6월 싱가포르에서 열린 제1차 정상회담에 이어 한반도 비핵화의 분수령이 될 북한과 미국 두 정상 간 2차 회담이 다시금 동남아시아에서 예고된 것. 동남아 해양부의 선진국 싱가포르와 대륙부[1]에 위치한 신흥국 베트남이 한반도 정세와 밀접하게 연관되면

---

1) 동남아시아는 일반적으로 인도차이나반도의 대륙부 동남아와 섬과 군도로 이뤄진 해양부 동남아로 분류된다. 대륙부 동남아는 태국, 베트남, 미얀마, 캄보디아, 라오스 등 5개 국가로, 해양부 동남아는 싱가포르, 브루나이, 말레이시아, 인도네시아, 필리핀, 동티모르 등 6개 국가로 이루어져 있다.

서 동남아에 대한 관심이 더욱 커지는 분위기였다. 최근 한국과 심리적, 물리적 거리가 가까워지고 있는 동남아에는 어떤 주요한 특징들이 있을까?

학계에서는 일반적으로 동남아 대부분 지역에서 벼농사 중심의 농성문화와 이에 기반한 촌락 생활 및 상부상조 전통 등이 관찰된다고 설명한다. 여기에 권위주의적 정부가 주도하는 국가 성장 모델이 도입돼온 한편, 태국을 제외하면 유럽 열강에 의한 식민 지배도 모두 경험했다고 덧붙인다. 하지만 전문가들이 꼽는 동남아 사회를 규정짓는 가장 큰 특징은 단연 다양성이다. 다양성에 바탕을 둔 다문화야말로 동남아에서 보편적으로 발견되는 특성이라고 예외 없이 목소리를 높인다.

동남아의 다양성은 인종과 언어, 종교 등 사회·문화적 측면에서 두드러진다. "다양성 속의 통일성Bhinneka Tunggal Ika"을 국가 모토로 내세운 인도네시아는 둘째가라면 서러운 다문화 모범 사례로 흔히 거론된다. 바로 인도네시아가 1개 나라에서 300여 개 인종이 700여 개 언어를 사용하는 대표적인 다인종, 다언어 국가이기 때문이다. 이와 함께 미얀마에는 135여 개 인종이 거주하는 것으로 집계되는 반면, 미얀마와 국경을 맞댄 태국 전역에서도 24개 이상의 언어가 사용되는 것으로 추정된다. 이밖에 도시국가 싱가포르는 거주자의 30퍼센트가량이 외국인으로 집계될 정도다.

동남아 사회가 역사적으로 중국과 인도, 중동 등 이문화권의 영

이슬람 국가인 말레이시아 페낭에 설립된 불교 사원 극락사

향을 받아온 점도 다양성 측면에서 생각해볼 수 있다. 동남아 경제를 사실상 좌지우지해온 것으로 알려진 화인華人[2])들이 중국의 입김을 상징적으로 드러낸다면 동남아 대륙부에 지배적으로 나타나는 불교문화는 불교의 탄생지 인도와 불가분의 관계에 놓여 있다. 이에 더해 인도네시아, 말레이시아 등을 중심으로 동남아에만 진 세계에서 가장 많은 2억 5,000여만 명의 신자를 보유한 이슬람교가 7세기 초 중동에서 처음 창시된 것은 널리 소개된 사실이다.

동남아 사회의 다양성은 몇 년 새 디지털 경제의 급성장과 함께 각광받고 있는 공유경제의 확산에서도 확인할 수 있다. 공유경제(물품을 나눠 쓰는 협업 소비에 기반한 경제활동)는 2008년 미국발 금융위기 이후 소유에 초점을 맞춘 기존 경제 질서를 바꿀 수 있는 아이디어로 주목받으며 성장 가도를 달려왔다. 동남아는 전 세계에서 공유경제 열풍이 가장 거센 지역 중 하나로 불린다. 뜨거운 공유경제 열기는 동남아 사회의 공유경제에 대한 개방적 인식과 상당 부분 관련된 것으로 분석된다. 실제 다국적 여론조사업체 닐슨에 따르면, 동남아시아인들은 인도네시아(87%), 필리핀(85%), 태국(84%) 등 글로벌 평균 66퍼센트를 훌쩍 웃도는 적극적인 공유경제 수용 의사를 내비치고 있다. 이렇듯 기존 관습과 다른 새로움을 받아들이는 데 주저

---

[2]) 중국 정부는 해외에 거주하는 중국계 주민 중 중국 국적 보유자를 화교로, 해당국 국적 보유자를 화인으로 구분한다. 현재 해외 거주 중국계 주민의 80퍼센트 이상이 현지 국적을 취득한 화인으로 추산된다. 일상적으로는 화인 범주에 화교를 포함하기도 한다.

태국 치앙마이의 고산지대에 거주하는 소수민족 몽족 마을

하지 않는 열린 자세의 산물 다양성은 동남아 사회를 관통하는 근원적인 키워드이다. 갈수록 그 중요성을 각광받고 있는 동남아를 이해하는 핵심 메시지인 점도 물론이다.

동남아시아 다문화의 상징,
"페라나칸"

한 지역을 줄기차게 드나들다 보면 예전에는 몰랐던 그 고장만의 특징에 눈을 뜰 때가 있다. 필자 역시 마찬가지다. 동남아시아와 인연에 비례해 현지를 한 꺼풀씩 벗겨보게 되면서 미처 눈치채지 못했던 동남아의 본모습에 고개를 끄덕인 기억이 여러 번 있다. 가장 높은 점수를 주고 싶은 동남아의 매력으로 단연 다양성을 들고 싶다. 인종과 언어, 종교 및 음식 등에서 폭넓게 발견되는 동남아의 다양성과 이에 기반한 다문화는 부러움이 절로 생길 정도이다. 그중에서도 "페라나칸Peranakan"은 다인종, 다언어, 다종교 사회 동남아를 상징적으로 보여주는 유산으로 부족함이 없다.

인도네시아와 말레이시아, 싱가포르 등이 위치한 동남아 해양부에 익숙한 독자라면 페라나칸이라는 말이 낯설지 않을 것 같다. 말레이시아어 사전 등에는 페라나칸이 "원주민과 이주민의 결합으로 탄생한 후손Descendants from a Union between a Local and a Foreigner"을 뜻하는 말레이어에서 유래한 단어라고 설명하고 있다. 페라나칸은 보통 말레이반도로 이주해 온 중국인 남성과 원주민 말레이 여성 사이에서 태어난 이들과 그들의 문화3)를 지칭한다. 고고학 자료 등에 따르면, 무역선에 몸을 실은 중국 상인들이 말레이반도를 처음 거쳐 간 시기는 기원전으로 거슬러 올라간다. 일반적으로는 1458년 중국 명나라 공주와 말라카 왕국의 술탄이 양국 간 외교 관계를 개선하기 위해 부부의 인연을 맺은 것이 기록으로 전하는 첫 중국계와 말레이계의 혼합 사례로 꼽힌다.

중국인 남성과 말레이 여성 간 혼인이 말레이반도 전역으로 확산되면서 남성은 "바바Baba", 여성은 "뇨냐Nyonya"로 불리는 후손들이 탄생했다. 후손들이 대를 거듭하며 공동체를 구성하면서 언어와 풍습, 음식 및 의상 등을 중심으로 페라나칸 문화가 형성되기 시작했다. 언어의 경우, 말레이어가 주를 이룬 가운데 푸젠성 출신의 중국 남부 이주민들이 광범위하게 사용하던 호키엔Hokkien 일부가 함께 쓰였다. 풍습과 종교의식은 전통적으로 중국풍이 유지된 반면, 주방에서는 말레이와 중국의 식문화를 모두 받아들였다. 의상에 있어서

---

3) 전문가들에 따르면 페라나칸에는 중국계 페라나칸과 아랍계 페라나칸, 네덜란드계 페라나칸 및 인도계 페라나칸 등이 존재한다. 이 중 중국계 페라나칸이 대다수를 차지하고 중요성 역시 가장 큰 까닭에, 많은 학자들이 페라나칸을 중국계 페라나칸을 가리키는 용어로 사용해온 것으로 알려져 있다.

19세기 말에 세워진 고급 바바 저택을 복원한 페낭 조지타운의 페낭 페라나칸 맨션

는 여성들은 대체로 말레이 스타일을 즐겨 입었지만, 남성들은 당대의 전형적인 중국식 옷을 선호하는 등 성별에 따라 차이를 나타냈다.

포르투갈의 침략과 말라카 왕국의 몰락, 뒤를 이은 네덜란드와 영국의 식민 지배 기간에도 페라나칸은 계속 번창했다. 적극적인 상업 활동을 통해 부를 축적한 페라나칸은 유럽 문화도 흡수하며 중국 본토 및 말레이 원주민들과 차별화되는 생활 방식을 구축했다. 페라나칸 문화가 가장 융성했던 곳으로 흔히 싱가포르와 말레이시아의 페낭, 믈라카 등이 이름을 올린다. 모두 인도네시아 수마트라섬과 말레이반도 남부 사이의 믈라카해협Strait of Melaka을 마주한 도시들이다. 대개 "해협 중국인Straits Chinese"으로 통칭되는 페라나칸 선조들이 믈라카해협을 따라 무역항으로 번성했던 이들 지역에서 원주민 여성을 만나 후손을 낳고 정착하면서 고유한 페라나칸 문화가 꽃핀 것이다.

실제 2019년 초 방문했던 말레이시아 북서 해안의 페낭섬에서는 페라나칸 문화의 속살을 들여다볼 수 있었다. 그 중심에는 2008년 7월 믈라카와 나란히 도시 전체가 유네스코 세계문화유산으로 지정된 페낭의 중심지 조지타운이 자리 잡고 있었다. 특히 페낭 페라나칸 맨션The Penang Peranakan Mansion이 눈길을 사로잡았다. 19세기 끝자락에 설립된 고급 바바 저택을 복원한 페낭 페라나칸 맨션은 중국식 풍수 사상과 말레이풍 실내 디자인, 유럽산 건축 자재 등이 어우러져 페라나칸 특유의 화려함과 다양성을 뽐냈다. 페낭으로 이주

페낭 조지타운의 야시장에서 뇨냐 음식 아쌈 락사를 요리하는 모습

한 중국인들에 의해 완성된 조지타운 외곽의 말레이시아 최대 불교 사원 극락사 또한 빼놓을 수 없었다. 열대지방의 알록달록함과 만나 한결 다채로워진 현지화된 종교 건축물이 다문화의 연장선상에서 존재감을 드러냈다. 이와 함께 새콤한 참치김치찌개를 연상시켰던 아쌈 락사Asam Laksa를 먹으며 중국 요리와 말레이 요리 중간쯤에서 정체성을 발전시켜온 대표적 뇨냐 음식을 만끽할 수 있었다. 동남아 다문화의 진수를 접하고 싶다면, 말레이계 주민과 중국계 주민이 엇비슷한 비율을 차지하는 페라나칸의 본고장 페낭을 찾아봄 직하다.

이야기 속 이야기:
말레이시아 페낭을 아시나요?

"동양의 진주", "페라나칸의 본고장", "길거리 음식의 천국".

말레이시아 북서쪽에 위치한 페낭을 설명할 때 등장하는 수식어들이다. 말레이시아의 수도 쿠알라룸푸르, 휴양지로 잘 알려진 코타키나발루 등에 비해서 페낭은 다소 낯선 지명이다. 한국에서 출발하는 직항편이 없는 까닭에, 페낭을 방문하려면 쿠알라룸푸르나 홍콩등을 경유하는 번거로움도 감수해야 한다. 하지만 역사와 문화의 고장으로 동남아시아는 물론 일찌감치 유럽에까지 소개됐을 만큼 고유한 색깔을 뽐낸다. 지리적으로 인접해 있고, 사회·문화적 분위기가 닮은꼴인 싱가포르와 인도네시아의 중간쯤에서 "동서양의 만남 East meets West"을 구현해온 글로벌 도시로 불리기에 손색이 없다.

페낭은 본토의 세베랑 페라이Seberang Perai 지역과 페낭섬으로 구성된 제주도 3분의 1 면적의 말레이시아에서 두번째로 작은 주이다. 페낭의 인구는 160만~170만 명가량으로 인종별로는 말레이계(42%), 중국계(40%), 인도계(10%), 외국인 및 기타(8%) 순으로 분류된다. 말레이시아 전역의 중국계 및 인도계 주민 비율이 각각 20퍼센트, 6퍼센트 수준으로 집계된다는 점에서 다문화 사회 페낭의 진면목을 짐작할 수 있는 대목이다. 실제 현지에서 만났던 인도계 이민 4세 택시 기사는 "말레이어와 영어, 타밀어를 자유자재로 구사하고 중국어(호키엔)도 읽는 데는 문제가 없다"고 귀띔했다. 이와 함께 페낭은 싱가포르 및 말레이시아의 믈라카와 더불어 흔히 말레이반도로 이주해 온 중국인 남성과 원주민 말레이 여성 사이에서 태어난 이들과 그들의 문화를 일컫는 페라나칸이 가장 번성한 곳으로도 이름이 높다. 물론 뿌리 깊은 원주민 우대 정책인 "부미푸트라Bumiputera"에 대한 비말레이계 주민들의 불만의 목소리 또한 접할 수 있다.

18세기 후반 영국 동인도회사에 의해 설립된 주도 조지타운은 단연 페낭의 중심지이다. 2008년 믈라카와 나란히 도시 전체가 유네스코 세계문화유산으로 지정된 조지타운은 역사적 명소들이 고스란히 보존된 거리 풍경, 보행자 친화적인 주변 환경을 앞세워 매일같이 여행객들의 발길을 불러 모은다. 조지타운을 찾는 이방인들은 예외 없이 카메라에 거리 예술을 담느라 분주하다. 페낭시의회가 2012년 리투아니아 출신의 젊은 예술가에게 처음 그림 작업을 의뢰한 것을 시작으로 도심 곳곳에서 벽화를 둘러볼 수 있다. 앙증맞은 동물과

조지타운 도심 곳곳에서 만날 수 있는 거리 벽화

애니메이션 캐릭터, 시의성 넘치는 메시지를 담은 벽화들이 구시가지에 생명력을 불어넣으며 페낭의 매력을 더하고 있다. 블루맨션The Blue Mansion으로도 불리는 페낭을 대표하는 고택 중 하나인 "청팟치 맨션Cheng Fatt Tze Mansion" 역시 관광객들의 눈길을 사로잡는다. 18세기 말 설립된 건물을 복원한 청팟치 맨션은 할리우드 영화《크레이지 리치 아시안》의 마작 장면 촬영지로도 유명하다. 유럽식 건축술의 힘을 빌려 중국적 가치를 담아낸 헤리티지 호텔이라는 현지인 문화해설사의 설명에 연신 고개를 끄덕였던 조지타운의 명소이다.

식도락 또한 빼놓을 수 없는 페낭의 자랑거리이다. 미국의 경제 전문지 『포브스』가 2012년 페낭을 세계 3위 길거리 음식 도시로 선정했을 정도이다. 이를 증명하듯, 조지타운을 대표하는 야시장들에서 경험한 길거리 음식은 맛과 가격, 다양성 측면 모두에서 둘째가라 하면 서러운 수준이었다. 특히 팜설탕을 주재료로 한 말레이시아식 빙수 첸돌Cendol, 국물 없는 중국풍 비빔국수 완탄미Wantan Mee 등이 인상적이었다.

페낭은 전자, 기계장비 등 제조업과 관광, 교육 등 서비스업이 균형 있게 발달한 산업구조를 바탕으로 2010년대 들어서 말레이시아 전체 경제성장률을 웃도는 성장세를 이어왔다. 최근에는 그랩 등 차량 공유 서비스가 보편화되고 웬만한 푸드코트에서 모바일 결제를 환영할 만큼 디지털 경제 열기 역시 뜨겁다. 25~35링깃(약 7,000원~1만원)이면 페낭해협과 이웃한 전망의 코워킹 스페이스에서 디지털 노

페낭 힐에서 내려다본 페낭 시내 전경

마드로서 멋들어지게 하루를 보낼 수 있을 정도이다. 동남아 여행을 계획하고 있다면, 동서양 교류의 역사가 다문화 사회를 탄생시킨 말레이시아 페낭으로 떠나보는 것은 어떨까.

2

아세안
그리고 한국

남북의 연인(?)
동남아시아와 북미정상회담

.

지구촌의 이목을 집중시켰던 북미정상회담 개최지가 싱가포르로 결정됐다. 김정은 북한 국무위원장과 도널드 트럼프 미국 대통령은 2018년 6월 12일 동남아시아의 도시국가 싱가포르에서 역사적인 만남을 갖기로 합의했다. 현재 북한과 미국 정상 간 첫 회담의 세부 장소로 싱가포르 내 몇몇 호텔과 컨벤션 센터 등의 이름이 오르내리고 있다. 싱가포르가 최종 낙점되기에 앞서 이웃한 인도네시아의 발리, 태국의 방콕 등도 "세기의 담판" 후보지로 언급됐다. 이런 측면에서 한반도 정세의 분수령이 될 북미정상회담을 앞두고 동남아와 남북한의 관계를 조명해볼 필요가 있을 것 같다.

동남아를 구성하는 열한 개 나라는 남북 관계에서 한 가지 공통점을 보유한다. 바로 동북아에 위치한 한국과 북한의 동시 수교 국가들이라는 점이다. 한국은 1949년 필리핀과, 북한은 1950년 베트남과 처음 수교를 체결하며 동남아와 국가 차원의 공식적인 왕래를 시작했다. 이후 2002년 인도네시아에서 독립한 동티모르와 나란히 수교한 것을 마지막으로 남북 모두 열한 개 나라와 외교 관계를 수립했다. 한국의 경우, 서울과 동남아 모든 국가의 수도에 서로 대사관을 설치하고 있다. 반면 북한은 말레이시아와 인도네시아, 캄보디아, 베트남 및 라오스 등 다섯 개 나라와만 상호 대사관을 개설한 상태다.

공산국가로 분류되는 베트남과 라오스를 굳이 거론하지 않더라도, 동남아에는 오랫동안 군부 통치 및 독재 정권이 지속돼왔다. 지금도 인도네시아, 필리핀 등을 제외하면 민주주의와는 거리가 먼 권위주의 체제를 유지하는 나라들이 대부분이다. 왕조적 공산국가 북한이 전통적으로 동남아와 우호 관계를 맺으며 무역업, 요식업 등을 통해 외화 벌이를 할 수 있었던 중요한 배경이기도 하다. 그중에서도 북한과 말레이시아의 관계가 각별했다. 2017년 2월 쿠알라룸푸르 국제공항에서 발생한 김 위원장의 이복형 김정남 암살 사건에서 비롯된 갈등으로 북한과 무비자 협정을 파기하기 전까지 말레이시아는 전 세계에서 유일하게 북한 국적자의 자유로운 출입국을 허용했다.

외형적으로는 한국과의 인연 못지않아 보이는 동남아와 북한의 교류 역사 때문일까. 동남아 교민 사회에는 북한과 얽힌 에피소드가 심심찮게 회자된다. "교회에 예배를 드리러 가서 한국인인 듯한 옆자리 신자에게 말을 걸었는데 알고 보니 북한 사람이더라.", "현지인

2018년 촬영 당시 인도네시아 자카르타에 위치한 주인도네시아 대사관과 주아세안 대표부(주아세안 대표부는 2019년 초 별도의 사무실로 이전했다.)

들이 북한 화폐를 들고 와서 거래할 생각이 없느냐고 물어보는데 깜짝 놀랐다.", "북한 식당을 자주 드나들면 대사관에 나와 있는 국정원 직원으로부터 전화가 걸려 온다." 등이 대표적이다. 필자 역시 인도네시아에 거주할 때 종종 주변에서 예상 밖의 질문을 받고는 했다. 주로 나이 지긋한 현지인들이 "한국Korsel, Korea Selatan" 사람인지, 혹은 "북한Korut, Korea Utara" 사람인지를 궁금해하는 통에 고개를 갸우뚱거렸던 기억이 있다. 한류 열풍에 익숙한 젊은 세대가 북한 소식은 제쳐놓고 한국 연예인 뉴스에 열중하는 것과는 자못 대조적이었다. 실제 인도네시아인들과 자연스럽게 국적에 대한 얘기를 나누게 된 것도 동남아 사회에서 북한의 존재에 대한 인식을 어느 정도 넓힌 후의 일이었다.

역내에서 진행되는 북미정상회담을 맞이한 동남아 국가들은 적극적으로 팔을 걷어붙이는 모양새다. 특히 2018년 아세안 의장국이기도 한 싱가포르는 국제 사회에서의 위상 강화를 향한 기대감을 감추지 않고 있다. 선진국 대열에 합류한 동남아의 강소국 평가에 더해 중립 외교의 허브로도 자리매김함으로써 국가 브랜드 파워를 한껏 끌어올린다는 구상이다. 벌써부터 전 세계의 취재진이 몰려드는 싱가포르만큼이나 2018년 8~9월 하계 아시안게임이 열리는 인도네시아 또한 발 빠르게 움직이고 있다. 동남아 최대 경제 대국으로서 아시안게임 남북 단일팀 참가 이슈 등 한반도 외교에서도 입김을 행사하고 싶어 하는 눈치이다. 인도네시아는 이미 판문점 남북정상회

2018년 8~9월 인도네시아에서 개최되는 "제18회 하계 아시안게임" 거리 안내물

담 직후 대통령이 직접 나서 자국 주재 한국 및 북한 대사를 함께 초청하는 한편 북미정상회담에 장소를 제공할 의사를 내비치기도 했다. 북미정상회담의 초시계가 긴박하게 돌아가는 상황에서 남북의 연인(?) 동남아의 행보에 더욱 주목해야 할 시점이다.

북미정상회담과
중립 외교 허브 꿈꾸는 싱가포르

전 세계의 비상한 관심을 끌었던 북미정상회담이 끝났다. 김정은 북한 국무위원장과 도널드 트럼프 미국 대통령은 2018년 6월 12일 싱가포르 센토사섬 내 카펠라 호텔에서 역사적인 첫 만남을 가졌다. 회담을 마친 두 정상이 공동 서명한 합의문 내용 등을 둘러싸고 반응은 다소 엇갈렸다. 하지만 한반도 정세의 분수령이 된 북한과 미국 정상 간 첫 회담이 비교적 무난하게 마무리됐다는 데는 별다른 이견이 없는 듯하다. 그리고 "세기의 담판" 배경 역할을 담당한 동남아시아의 도시국가 싱가포르 역시 남다른 주목을 받고 있다. 북미정상회담이라는 초대형 국제 이벤트를 성공적으로 소화함으로써 국가 브랜드 가치를 한껏 끌어올렸다는 평가가 이어지는 덕분이다.

이번 회담을 전후로 국내 언론에 여러 차례 소개된 것처럼, 싱가

싱가포르 본섬과 북미정상회담이 열린 센토사섬을 이어주는 케이블카

포르는 서울보다 약간 큰 면적의 섬나라이다. 560여만 명 인구(2017년 기준)의 30퍼센트가량이 취업, 유학, 연수 등을 목적으로 체류하는 외국인일 정도로 글로벌 분위기를 자랑한다. 동남아에서는 거의 유일하게 MRT와 버스 등의 대중교통 시스템이 체계적으로 정비돼 있고, 밤거리를 안전하게 돌아다닐 수 있을 만큼 치안 상태 또한 양호하다. 세계 최고 공항 중 하나로 꼽히는 창이국제공항을 통해 2017년에만 거주 인구의 세 배가 넘는 1,740만 명이 방문할 정도로 아시아를 대표하는 관광도시로도 각광받고 있다.

말레이반도 끝자락에 위치한 싱가포르는 동남아에서 가장 앞선 경제 수준을 뽐낸다. 국제통화기금IMF에 따르면, 싱가포르는 2017년 6만 1,800달러의 1인당 GDP를 기록했다고 발표했다. 이는 역내 2위인 산유국 브루나이의 1인당 GDP 3만 3,200달러의 두 배에 육박하는 수치이다. 최근 성장 가도를 달려온 인도네시아, 베트남 등 신흥시장의 1인당 GDP가 여전히 5,000달러에도 못 미친다는 점에서 싱가포르의 위상을 짐작할 수 있는 대목이다. 이러한 경제력을 앞세워 싱가포르는 이웃 국가들에 대한 투자에도 적극적으로 팔을 걷어붙여왔다. 실제 인도네시아 투자조정청에 따르면, 싱가포르는 일본과 중국, 미국 등을 제치고 2017년 상반기 투자 건수와 투자 금액 모두에서 인도네시아에 가장 활발하게 투자한 국가로 집계됐다.

필자 또한 싱가포르의 경쟁력을 직접 체험한 기억이 있다. 지난 2011년 싱가포르의 다국적 교육기업으로 이직하면서 취업 비자를 발급받을 때였다. 한국에서 사전 준비에 공을 들이기도 했지만, 며칠 만에 일사천리로 행정 절차가 진행되는 모습을 목격하면서 '이게 싱가포르구나.' 하는 생각이 저절로 들었다. 공무원들은 외국어를 자유롭게 구사해 의사소통에도 아무런 문제가 없었다. 반면 몇 년 뒤 인도네시아에서 겪은 상황은 사뭇 달랐다. 영어에 익숙하지 않은 정부기관 담당자들의 느긋한(?) 업무 태도에 규정대로 일을 처리하기 힘들겠다는 불안감이 엄습했다. 결국 추가 비용을 지불하면서 현지인 에이전트를 고용했고, 한 달여의 시간이 흐른 뒤에야 취업 비자를 손에 넣을 수 있었다. 사실 인도네시아뿐만 아니라 동남아 대부분 국가에서 비슷한 경험담이 심심치 않게 들려온다.

독재국가, 권위주의 정부 등 일각의 비판에도 불구하고 싱가포르는 "아시아의 스위스"라는 별칭이 말해주듯 꾸준히 강소국의 입지를 다져왔다. 이에 더해 인도네시아어 혹은 말레이시아어로 "평온함"을 뜻하는 센토사Sentosa섬을 무대로 펼쳐진 정상회담을 계기로 국제 무대에서 정치적, 외교적 존재감을 강화하는 데도 정성을 쏟고 있다. 싱가포르 내부에서 "예산 160억 원을 들여 6,200억 원어치의 경제적 효과를 누렸다"는 긍정적 분석이 나올 만큼, 중립 외교 허브로 도약하겠다는 구상에 탄력이 붙고 있는 것. 싱가포르 도심의 야경을 둘러본 김 위원장이 "싱가포르의 지식과 경험을 많이 배우려고 한다"고 언급한 점도 자신감을 높여주고 있다. 2018년 아세안 의장국인 싱가포르는 8월에는 북한과 미국, 한국을 포함한 27개국 외

고급 쇼핑몰과 고층 빌딩 등이 들어선 싱가포르 중심부의 번화가

교장관 등이 참석하는 "아세안지역안보포럼ARF, ASEAN Regional Forum"
도 개최했다. 북미정상회담의 연장선상에서 다자간 안보협의체를 발
판 삼아 싱가포르가 어떻게 청사진을 구체화해나갈지 지켜볼 일이다.

K리그1 개막전을
동남아시아 도시에서 개최한다면?

최근 한국 사회에서 가장 주목받는 동남아시아 국가 두 곳으로 대륙부의 베트남과 해양부의 인도네시아를 꼽을 수 있다. 두 나라의 자존심을 건 승부가 펼쳐졌던 "2019 동남아시안게임^{Southeast Asian Games}" 남자 축구 결승전이 베트남의 승리로 마무리됐다. 2019년 12월 10일 저녁(한국 시간) 필리핀 마닐라에서 열린 결승전에서 시종일관 경기를 주도한 베트남은 인도네시아를 3 대 0으로 꺾고 60년 만에 우승컵을 거머쥐었다. 이에 앞서 베트남 여자 축구 대표팀도 태국을 물리치고 금메달을 획득하면서 베트남은 첫 남녀 동반 우승의 쾌거도 달성했다. 2018년 12월 스즈키컵 제패에 이어 동남아시안게임 무패 우승의 위업을 이루면서 베트남 축구는 명실상부한 동남아 축구의 최강자로 우뚝 섰다.

베트남 남자 축구 대표팀의 행보가 국내에서 남다른 눈길을 끈 데는 박항서 감독의 리더십이 큰 영향을 미쳤다. 2017년 10월 베트남 축구 국가대표팀의 지휘봉을 잡은 박 감독은 "박항서 신드롬"을 불러올 만큼 연일 헤드라인을 장식했다. 박 감독이 이끄는 연령별 국가대표팀이 아시아 무대에서 승승장구하면서 베트남의 국민영웅으로 대접받을 정도이다. 박 감독 외에도 국내 프로축구계에서 잔뼈가 굵은 정해성 감독 또한 약체였던 호치민시티 팀을 베트남 프로축구 리그 준우승으로 끌어올리며 2019 시즌 올해의 감독상을 수상했다. 여기에 2018 러시아 월드컵에서 한국 축구 대표팀의 수장이었던 신태용 감독도 현재 인도네시아 남자 축구 국가대표팀을 이끌고 있다. 한때 중국, 일본 등에 집중됐던 한국인 축구 지도자들의 해외 진출이 동남아 지역으로 확산되면서 현지의 "축구 한류" 열풍이 거세지는 모양새다.

개인적으로 동남아의 뜨거운 축구 열기를 처음 체험한 것은 인도네시아 제3의 도시 반둥에 머물던 2013년 12월의 일이었다. 미얀마에서 개최된 동남아판 하계 아시안게임이 종반을 향해 달려가던 무렵이었다. 당시 인도네시아 남자 축구 대표팀은 준결승전에서 말레이시아 남자 축구 대표팀과 맞붙었다. 2년에 한 번씩 막을 올리는 동남아시안게임 최고 인기 종목인 남자 축구 4강전에서 이웃한 전통의 라이벌을 만나게 된 것. 너 나 할 것 없이 퇴근길을 재촉하면서 국민적 관심이 집중된 가운데, 인도네시아는 승부차기 끝에 말레이

2018 러시아 월드컵 기간 야외 모니터로 중계되는 축구 경기를 시청하는 베트남 호치민시 시민들

시아를 이기고 결승에 진출했다. 환호성으로 뒤덮인 거리에서 친구, 직장 동료들에게 축하 인사를 건네느라 바빴던 기억이 지금도 생생하다. 사실 올해 결승전을 앞두고도 한국인이 감독을 역임하는 베트남과 동남아에서 가장 인연이 깊은 인도네시아 중 어느 나라를 응원할 것이냐는 현지인들의 짓궂은(?) 질문을 여러 차례 받았다.

국기國技인 배드민턴과 함께 축구가 인도네시아 국민들이 가장 열광하는 스포츠임을 목격한 뒤 새삼 주변을 둘러봤다. 조그만 공터라도 있으면 무더위에도 아랑곳하지 않고 공을 차는 아이들, 주말이면 빈자리를 찾기 어려운 실내 풋살 경기장 등의 모습에 절로 고개가 끄덕여졌다. 다른 동남아 국가들의 축구 열풍 역시 인도네시아 못지않았다. 동남아 국가들 간 축구 경기 결과는 어김없이 신문에 대서특필됐고, 열성 팬들 중에는 유럽 프로축구 경기를 시청하면서 주말 밤을 새우는 경우도 적지 않았다. 특히 대부분의 남성들이 나이를 불문하고 축구를 일상의 대화거리로 삼는 점이 인상적이었다.

전 세계 어느 곳 못지않은 열정적인 팬심을 등에 업고 적극적으로 자국 리그를 육성하면서 동남아 축구는 조금씩 경쟁력을 높여가고 있다. 동남아 대다수 국가들에 동북아시아의 축구 강국 한국과 일본은 여전히 부러운 벤치마킹의 대상이다. 한국인 지도자와 선수들을 공격적으로 영입하는 것도 오랫동안 아시아 대륙을 주름잡아 온 경험과 노하우를 배우고 싶어서이다. 그렇다면 동남아를 대표하는 도시에서 K리그1 개막전을 진행하면 어떨까. 미국 메이저리그가

인도네시아 자카르타 시내의 공터에서 축구 삼매경에 빠진 어린 학생들

해외 야구 시장을 공략하기 위해 일본과 호주 등지에서 개막전을 개최해온 것처럼, 아시아에서 손꼽히는 K리그1의 정규 시즌 첫 시합을 동남아에서 여는 것이다. 민간 외교관의 역할을 톡톡히 수행해온 월드컵 본선 단골손님의 수준 높은 경기력이 동남아의 한류 붐을 한층 촉진하는 윤활유가 되기를 기대해본다.

신남방정책 협력 대상국들과
성불평등지수

싱가포르에서 제33차 아세안 정상회의가 개최된 2018년 11월 "신남방정책"이 언론 지면에 자주 오르내렸다. 신남방정책은 문재인 대통령이 2017년 11월 취임 후 처음 국빈 방문한 인도네시아의 수도 자카르타에서 공식적으로 밝힌 대외 정책으로 흔히 풀이된다. 신남방정책은 사람People, 평화Peace, 상생번영Prosperity 공동체 등 이른바 3P 공동체 구상에 바탕을 두고 있다. 구체적으로는 아세안 국가들 및 남아시아의 인도와 협력 관계를 미국, 중국, 일본, 러시아 등 기존 4대 강국 수준으로 끌어올리는 것을 목표로 하고 있다. 이를 통해 한반도의 경제 지평을 아세안과 인도양 지역으로 넓힌다는 구상이다. 이미 2018년 8월 대통령 직속 정책기획위원회 산하에 신남방정책특별위원회가 설치돼 신남방정책의 범정부 컨트롤 타워 역할을 수행해오고 있다. 여기에 11월 초에는 김정숙 여사가 현직 대통령 부인으로는 16년 만에 신남방정책 핵심 협력 대상국인 인도를 단독 방문해 모디 총리와 면담을 갖는 행보를 보이며 화제가 됐다.

신남방정책이 본격 추진되면서 한국과 정서적 거리가 한 걸음씩 가까워지고 있는 아세안 국가들과 인도는 한 가지 공통점을 갖고 있다. 바로 지리적으로 아시아 남쪽에 위치한 개발도상국들이 대부분이라는 점이다. 물론 일찌감치 1인당 GDP가 5만 달러를 훌쩍 넘어선 아세안의 강소국 싱가포르는 예외이다. 이와 함께 선진국 정부나 국제기관 등으로부터 공적개발원조ODA, Official Development Assistance를 받지 않는 인근의 말레이시아와 태국 및 산유국 브루나이를 개발도상국으로 부르기에도 무리가 따른다. 이밖에 명목 GDP 기준 세계 7위 경제 대국 인도를 개발도상국 범주에 포함해야 하는지에 대해서도 다소 평가가 엇갈리는 모양새다.

하지만 한 가지 관점에서는 이들이 여전히 개발도상국 수준에 머무른다는 데 상당 부분 의견이 일치하는 듯하다. 바로 아세안 국가들과 인도가 양성평등 측면에서 갈 길이 멀다는 지적이다. 이는 국제기구 및 다국적기업들의 연례 조사에서 자주 드러나는 결과이다. 유엔 산하의 유엔개발계획UNDP, United Nations Development Programme이 전 세계 189개국을 대상으로 측정해 2018년 9월 공개한 "2018년 성불평등지수GII, Gender Inequality Index"가 대표적이다. GII는 UNDP가 2010년부터 각국의 성불평등 정도를 조사해 발표하는 지수로 점수

외국인 관광객들을 대상으로 푸드 투어를 진행하고 있는 베트남 젊은 여성들

가 1이면 완전 불평등, 0이면 완전 평등을 뜻한다.

UNDP에 따르면, 싱가포르를 뺀 나머지 신남방정책 협력 대상국들의 성불평등지수는 대체로 높게 나타났다. 싱가포르가 아시아에서는 한국(0.063점, 10위)에 이어 두번째로 낮은 0.067점으로 12위를 차지한 가운데, 다른 국가들은 예외 없이 50위 밖에 위치하는 것으로 집계됐다. 자세히 들여다보면 브루나이(0.236점, 51위), 말레이시아(0.287점, 62위), 베트남(0.304점, 67위), 태국(0.393, 93위) 및 필리핀(0.427점, 97위) 등의 순이었다. 특히 아세안 전체 명목 GDP의 약 40퍼센트를 담당하는 인도네시아와 세계 2위 인구를 자랑하는 인도는 각각 0.453점으로 104위, 0.524점으로 127위라는 초라한 성적표를 받아들었다. 아세안 10개 회원국들 중에서도 저개발 국가로 분류되는 미얀마(0.456점, 106위)와 라오스(0.461점, 109위), 캄보디아(0.473점, 116위) 역시 나란히 100위권 밖에 이름을 올렸다.

신남방정책 협력 대상국의 절반가량이 전 세계 평균 성불평등지수 0.441점에 못 미치는 점수를 기록한 현실은 양성평등 측면에서 의미하는 바가 크다. 특히 UNDP의 조사 항목인 노동 참여율, 임산부 사망률, 입법기관 여성의원 비율 등에서 개선할 여지가 어느 정도인지를 여실히 보여준다. 실제 자국 내에서도 전근대적 관습이라는 비판이 꾸준히 제기돼온 세계 최대 무슬림 국가 인도네시아의 일부다처제, 남성 인구가 웬만한 국가의 전체 인구와 맞먹는 3,700여만 명으로 남성이 여성보다 더 많이 살고 있는 인도의 뿌리 깊은 남

태국 제2의 도시 치앙마이에서 미술 수업 삼매경에 빠져 있는 여학생들

아선호사상 등은 어제오늘의 일이 아니다. 양성평등 성숙도는 한 나라의 정치, 경제, 사회적 수준 및 여건 등과 밀접하게 연관될 수밖에 없다. 북유럽과 북미 선진국들이 오랫동안 양성평등 모범 사례로 자리매김해온 사실은 아세안과 인도의 앞날을 위한 중요한 시사점을 제공한다. 신남방정책 추진 시 교육과 보건 등 아세안 국가들과 인도의 성불평등 해소에 도움이 되는 방향으로도 적극적인 관심을 기울였으면 하는 바람이다.

코로나19 사태 속 주목받는
아세안 드라마 한류

처음 인도네시아 생활을 시작했던 2013년 12월 무렵의 일이다. 인도네시아 제3의 도시 반둥에서 머무르던 아파트 맞은편에 위치한 대형 슈퍼마켓을 방문했을 때였다. 주말을 맞아 생필품과 먹거리를 고르고 있던 필자 곁으로 직원들이 다가왔다. 스무 살쯤으로 짐작되는 남자 직원 한 명과 여자 직원 세 명은 "film(영화)", "mirakel(기적)" 등 현지어를 꺼내면서 함께 사진을 찍자고 부탁했다. '무슨 일이지? 아마 한국 영화 얘기를 하는 것 같은데.' 갑작스러운 제안에 머뭇거리는 필자에게 남자 직원이 스마트폰에 저장된 사진을 보여줬다. 그러면서 필자가 사진 속의 인물이 맞는지 기대에 가득 찬 표정으로 물었다. 스마트폰 속의 주인공은 바로 배우 류승룡 씨였다. 직원들은 필자가 2013년 초에 개봉했던 영화 《7번방의 선물Miracle in Cell No. 7》

의 주연배우인 류승룡 씨인 줄 알았던 것이다. 영화 속 주인공을 만났다고 펄쩍 뛰는 직원들을 실망시키고 싶지는 않았지만, 거짓말을 할 수는 없었다. "Maaf. Saya bukan orang ini.(미안하지만 저는 이 사람이 아니에요.)"를 되풀이하며 진실(?)을 털어놓았다. 네 명 모두, 특히 유난히 류승룡 씨를 좋아했던 남자 직원의 얼굴에 진한 아쉬움이 스쳐 갔다. 하지만 필자 역시 한국 사람이라는 사실을 확인하고 같이 사진을 촬영한 뒤 유쾌하게 작별 인사를 나눴다.

6년이 훌쩍 지난 에피소드(에피소드는 『왜 세계는 인도네시아에 주목하는가』의 "한국에 푹 빠진 인도네시아 청소년"에서 참조했다.)를 새삼 언급한 것은 아세안 드라마 한류 얘기를 하고 싶기 때문이다. 최근 《사랑의 불시착》, 《이태원 클라쓰》, 《하이바이, 마마!》 등 K드라마가 태국과 베트남, 필리핀 등 아세안 대부분 국가들에서 상종가를 달리며 큰 화제를 모으고 있다. 오죽하면 얼마 전 인기리에 종영된 드라마 《부부의 세계》에서 불륜 연기를 선보였던 배우 한소희 씨의 SNS(소셜네트워크서비스) 게시물에 인도네시아 팬들이 댓글 세례를 퍼부었을 정도이다. 아세안 젊은 세대가 한국형 좀비 드라마의 전성시대를 가져왔다는 찬사가 쏟아진 《킹덤 시즌2》에 열광하는 사이 현지 언론에서는 K드라마의 성공 요인을 다각도로 분석한 기사들을 잇따라 내보내기도 했다.

사실 아세안에서 드라마를 포함한 한국 대중문화가 인기몰이를 한 것이 어제오늘의 일은 아니다. TV에서는 이미 몇 년 전에 막을

자카르타 시내의 대형 서점에 진열된 K팝 관련 서적들

내린 한국 드라마가 반복해 방영됐고, 친구들 혹은 연인끼리 카페 등에 자리를 잡고 한국 예능 프로그램을 보며 박장대소하는 광경은 일상이 된 지 오래다. 필자 또한 인도네시아 젊은 여성들의 마음을 사로잡은 배우 이민호 씨와 송중기 씨 등의 굿즈를 구해달라는 요청을 일일이 기억하기 어려울 만큼 많이 받았다. K팝을 대표하는 아이돌 그룹 방탄소년단과 영화《기생충》은 문화 한류 열풍을 힘껏 부채질했다. 유튜브 등에 방탄소년단의 뮤직비디오를 감상한 모습이 생생하게 담긴 젊은 층의 리액션 영상이 넘쳐나는 한편,《기생충》의 2020 아카데미 시상식 4관왕 수상 쾌거는 한류에 큰 관심이 없던 현지인들에게까지 한국 문화 콘텐츠의 위상을 드높였다.

올해 상반기 아세안 사회를 강타한 코로나19 사태는 역설적으로 K드라마에 새로운 지평을 열어주고 있다. 전 세계 여느 지역과 마찬가지로 외부 활동이 제약되고 "언택트Untact(비대면)"소비가 증가하면서 K드라마를 시청하는 아세안 인구가 빠르게 늘어난 덕분이다. 여기에는 역내 인터넷 환경이 개선되고 스마트폰 등 모바일 기기의 보급이 확산되면서 온라인 동영상 스트리밍 서비스의 접근성이 대폭 향상된 점도 중요한 역할을 했다. 넷플릭스와 같은 플랫폼을 통해 매력적인 캐릭터와 수준 높은 완성도를 갖춘 K드라마를 실시간으로 접함으로써 아세안 시청자들이 한국 프로그램에 즉각적으로 열광할 수 있는 여건이 조성됐다는 분석이다. 이를 증명하듯 한국 작품들은 코로나19가 위세를 떨친 올해 3, 4월 넷플릭스의

인도네시아 전자상거래업체 토코피디아의 브랜드 홍보대사인 방탄소년단의 자카르타 옥외 광고물

동남아시아 인기 톱10 콘텐츠의 절반 이상을 차지했다. 넷플릭스가 한국 콘텐츠 제작에 더욱 속도를 내겠다는 방침을 밝힌 가운데, 탄력을 받은 아세안 드라마 한류가 어디까지 뻗어 나갈지 흥미진진해진다.

한-아세안 대화관계 수립 30주년과 디지털 협력

2019년 11월 부산에서는 현 정부의 최대 규모 국제행사인 "2019 한-아세안 특별정상회의"와 "제1차 한-메콩 정상회의"가 나란히 개최됐다. 베트남과 필리핀, 미얀마 등 아세안 10개 회원국 정상들이 한데 모인 정상회의에는 남다른 시선이 쏠렸다. 대다수 한국인들에게 천연자원의 보고나 가성비 만점의 휴양지, 외국인 근로자 공급처 정도로 인식돼왔던 아세안의 높아진 위상을 대내외적으로 천명한 자리였기 때문이다. 즉 아세안 및 인도와 협력 관계를 미국, 중국, 일본, 러시아 등 기존 4대 강국 수준으로 끌어올리겠다는 신남방정책을 가속화하는 계기로 기대를 모은 것이다. 이미 한국의 2대 교역 파트너이자 두번째로 큰 해외 건설 수주시장으로 발돋움한 아세안과 앞날을 논의할 때 간과해서는 안 될 분야가 있다. 바로 급성장하고 있는 아세안 디지털 경제가 그 주인공이다. 그동안 1차 산업과 2차 산업이 주된 협업 무대였다면, 3차 산업은 물론 4차 산업에서도 한국과 아세안이 긴밀하게 손을 잡는 미래가 펼쳐지고 있다.

아세안에 대한 한국 사회 전반의 관심 증가에도 불구하고 디지털 경제는 다소 낯설게 느껴지는 게 현실이다. 몇몇 스타트업계 및 벤처 캐피털업계 종사자들을 제외한다면, 동남아 여행길에 스마트폰 애플리케이션을 통해 차량 호출 서비스를 이용해보거나 코워킹 스페이스를 지나친 경험이 대부분일 것이다. 하지만 열풍이라는 수식어가 무색하지 않을 만큼 디지털 경제는 아세안 주요 지역에서 지난 몇 년간 팽창 가도를 달려왔다. 실제 "동남아시아 인터넷 경제 2019" 보고서를 공동 발표한 구글과 싱가포르의 국영 투자회사 테마섹, 글로벌 컨설팅기업 베인앤드컴퍼니는 2019년 동남아 인터넷 경제 규모가 사상 처음 1,000억 달러(약 123조 4,500억 원)를 기록할 것이라고 전망했다. 이는 2018년 대비 39퍼센트가량 늘어난 수치로 2025년에는 동남아 인터넷 경제가 3,000억 달러(약 370억 3,500억 원) 규모로까지 성장할 것으로 예측했다. 이를 반영하듯 아세안 디지털 경제 발전을 이끌어온 역내 스타트업에 대한 투자 규모 또한 매년 가파른 증가세를 보이고 있다. 싱가포르의 테크 전문매체 테크인아시아에 따르면, 2013년 8억 달러(약 9,900억 원)에 불과했던 동남아 스타트업 투자액은 2018년 109억 달러(약 13조 4,600억 원)로 10배 이상 급증했다. 싱가포르와 인도네시아를 필두로 아세안에 11개의 유니

태국 치앙마이 중심부의 코워킹 스페이스에서 업무 중인 외국인들

콘Unicorn(기업 가치가 10억 달러를 넘는 비상장 스타트업)이 탄생한 사실에 고개를 끄덕일 수밖에 없는 이유이다.

인터넷 사용 인구의 폭증 및 스마트폰 보급의 확산 등과 맞물려 질주해온 동남아 디지털 경제 열기에는 해결해야 할 과제도 만만치 않다. 대도시를 벗어나면 여전히 열악한 IT(정보·통신) 인프라스트럭처와 고급 개발 인력 부족, 높은 금융 문맹률 등은 싱가포르를 제외한 아세안 국가들의 발목을 잡고 있다. 여기에 수익 모델 부재에 힘겨워하는 일부 스타트업들을 중심으로 투자 과열을 우려하는 목소리도 갈수록 힘을 얻고 있다. 하지만 글로벌화와 디지털화의 거센 물결 속에 스타트업으로 대표되는 디지털 경제의 중요성이 더욱 각광받을 것임에는 이론의 여지가 없다. 이는 아세안 역시 마찬가지이다. 아세안 회원국들이 경쟁적으로 친스타트업 정책을 발표하고 디지털 경제 육성에 팔을 걷어붙이는 것도 이와 무관하지 않다. 앱 기반 차량 호출 서비스에서 출발한 인도네시아 최초의 데카콘Decacorn(기업 가치가 100억 달러를 넘는 비상장 스타트업) 고젝의 창업자가 자국의 교육문화부 장관에 임명됐다는 뉴스는 시사하는 바가 크다. 대화관계 30주년을 기념해 열리는 정상회의가 한국과 아세안 간에 시대적 흐름에 부응하는 새로운 디지털 협력 모델을 고민하는 출발점이 됐으면 하는 바람이다.

베트남 호치민시 중심가에서 앱 기반 오토바이 호출 서비스에 탑승한 승객

한국의 창업보육 모델을
아세안 대학들과 공유한다면?

한국과 아세안의 대화관계 수립 30주년을 기념해 부산에서 개최된 "2019 한-아세안 특별정상회의"와 "제1차 한-메콩 정상회의"가 성황리에 막을 내렸다. 문재인 대통령과 아세안 10개국 정상들은 "부산선언(평화·번영과 동반자 관계를 위한 한-아세안 공동비전 및 2019 한-아세안 특별정상회의 공동의장 성명)"을 채택하며 2009년, 2014년에 이어 세번째로 열린 특별정상회의를 마무리했다. "신남방 외교전"을 일부 현장에서 지켜보면서 한국 사회의 아세안에 대한 인식이 달라지는 계기가 될 만한 가능성을 엿보았다. 그러면서 이번에 한국과 포괄적경제동반자협정CEPA, Comprehensive Economic Partnership Agreement을 최종 타결한 인도네시아에서 겪었던 일이 새삼 떠올랐다. 한국과 아세안 간 시대적 흐름에 맞는 새로운 협력 모델 탄생에 대한 기대감을 키워준

"2019 한-아세안 특별정상회의"와 "제1차 한-메콩 정상회의"가 열린 부산 벡스코

기억이었다.

특별정상회의를 일주일 남겨뒀던 2019년 11월 18일 아세안 사무국이 위치한 자카르타 시내에서는 "2019년 한-인도네시아 비즈니스 매칭 세미나"가 진행됐다. 강원대와 부산대, 중앙대 등 한국의 3개 대학이 보유한 기술 혹은 특허를 바탕으로 설립된 중소벤처기업 13곳이 처음 인도네시아 시장 개척에 나섰다. 현지 파트너와 손잡고 천연물 기반 기능성 화장품, 기업용 통합 이러닝 솔루션, 마이크로 니들 패치 기술 등을 개발하기를 원하는 인도네시아 기업들을 발굴하는 과정에서 예상하지 못했던 문의들이 들어왔다. 글로벌화에 성공한 한국 중소기업들의 이야기를 듣고 싶어 하는 인도네시아 중소기업들의 요구가 적지 않았던 것. 특히 눈길을 끌었던 점은 한국 대학들의 산학협력 및 창업보육 모델을 벤치마킹하고 싶어 하는 인도네시아 대학들의 거듭된 목소리였다. 이를 반영해 부랴부랴 추가한 강원대 창업지원단의 "국내 대학과 중소기업 간 산학협력 현황 및 사례" 세션은 실제 참가자들의 큰 호응을 이끌어냈다. 당시 행사장에는 인도네시아의 최고 종합대학으로 손꼽히는 인도네시아 국립대학이 지분 100퍼센트를 보유한 컨설팅 자회사를 비롯해 아트마자야 가톨릭대학, 트리삭티 대학 등 유수의 사립대 관계자들이 참석해 귀를 기울였다.

인도네시아는 아세안 내에서도 젊은 세대의 창업 열기가 가장 뜨거운 나라 중 하나로 불린다. 역내에서 가장 큰 규모로 디지털 경제

자카르타 시내에서 진행된 "2019년 한-인도네시아 비즈니스 매칭 세미나"

가 성장하면서 이미 다섯 개의 유니콘이 등장했을 정도이다. 전문가들은 해외 유학파 출신들이 2010년대 중반부터 본격화된 인도네시아의 초기 스타트업 열풍을 주도했다고 입을 모은다. 유니콘을 뛰어넘어 데카콘으로 도약한 모빌리티 스타트업 고젝 창업자로서 교육문화부 장관으로 임명되며 화제가 됐던 나디엠 마카림이 대표적이다. 지금은 자국의 우수 인재들이 스타트업에 도전하는 경우가 급증하는 등 창업 붐이 젊은 층 사이에서 빠르게 확산되고 있다. 바야흐로 대학의 역할이 필요한 때가 다가온 것이다. 즉 민간 기업들이 견인해온 디지털 경제가 장기적 관점에서 보다 체계적으로 발전할 수 있도록 학계가 나서 저변을 넓혀야 할 시점이다. 인도네시아 대학들이 한국 대학들의 창업보육 모델에 주목하는 이유도 바로 여기에서 찾을 수 있다. 그동안 두 나라 대학들이 대부분 학생 교류 등에 초점을 맞췄다면, 이제는 시대적 분위기에 부합하는 새로운 협력 모델을 추구해야 할 필요성이 커지고 있다. 인도네시아 대학들과 창업 지식 공유가 순조롭게 이뤄진다면 스타트업 육성에 팔을 걷어붙인 베트남, 필리핀, 태국 등 다른 아세안 회원국 대학들과 연계도 얼마든지 꾀해볼 수 있다. 어느 때보다 가까워진 것으로 평가받는 한국과 아세안 대학들 간의 디지털형 산학협력 모델이 적극 추진되기를 희망해본다.

"동양의 나폴리"에서 만난
동남아시아

2020년 7월 하순 남해안에 위치한 통영에 다녀왔다. 통영은 한려수
도를 조망하는 수려한 자연경관과 다채로운 문학과 예술의 전통, 그
리고 개성 넘치는 향토 음식 등이 시선을 사로잡는 아름다운 항구
도시이다. 통영이 고향인 소설가 박경리 선생도 1962년 발표한 장편
소설『김약국의 딸들』첫 문장에서 "통영은 다도해 부근에 있는 조
촐한 어항漁港이다. 부산과 여수 사이를 내왕하는 항로의 중간지점
으로서 그 고장의 젊은이들은 '조선의 나폴리'라 한다"며 각별한 애
정을 드러낸 바 있다.

본격적인 휴가철을 앞두고 외지인들의 발길이 조금씩 잦아지던 통
영에서 유독 눈길을 끈 이들이 있었다. 바로 동남아시아인들로 짐작
되는 외국인 노동자들이었다. 항구, 전통 시장 등에서 삼삼오오 짝

을 이뤄 다니는 외국인 주민들을 제법 지나쳤다. 서울에서 차량을 이용해 네 시간가량 고속도로를 달리면 도착하는 통영은 사실 동남아와도 나름의 접점이 있다. 바로 어업 분야 종사자들을 중심으로 동남아에서 온 노동자들이 상당수 머무르는 지역이기 때문이다. 통영시청에 따르면, 2020년 4월 말 기준 통영에는 3,904명의 외국인이 살고 있는 것으로 집계됐다. 이는 통영시 전체 인구 13만 4,125명의 3퍼센트에 육박하는 수치이다. 특히 베트남과 인도네시아를 포함한 동남아 출신이 체류 외국인 숫자의 절반을 훌쩍 넘기는 것으로 알려졌다. 베트남 레스토랑들이 심심치 않게 눈에 띄고, 길거리에서 익숙한 인도네시아어가 들려왔던 것에 고개가 끄덕여지는 대목이다. 심지어 한 택시 기사는 "통영의 유일한 코로나19 확진자가 바로 인도네시아 국적의 30대 남성이었다"고 귀띔하기도 했다.

통영과 동남아의 또 다른 만남이 떠오른 것은 미술관에서였다. 통영시 남쪽의 미륵산 자락에는 전혁림 미술관이 자리 잡고 있다. 1916년 통영에서 태어난 전혁림 화백의 작품 80점과 관련 자료 50여 점 등이 보관된 공간이다. 통영관광포털은 2010년 세상을 떠나기 전까지 통영과 부산을 주 무대로 활동한 전혁림 화백을 "색채의 마술사", "바다의 화가" 등으로 묘사하고 있다. 통영의 바다가 연상되는 코발트블루를 즐겨 사용한 전혁림 화백은 일반인들에게는 다소 낯설지만 한국 추상화의 선구 주자로 꼽힌다. 노무현 전 대통령이 2006년 직접 구입해 청와대에 전시했다는 전혁림 화

통영시 미륵산 자락에 위치한 전혁림 미술관

백의 후기 걸작 《통영항》을 감상하면서 문득 머리를 스쳐 간 이름
이 있었다. 바로 인도네시아를 상징하는 화가 아판디 쿠수마Affandi
Koesoema(1907~1990)였다. 바닷가 마을을 푸른 색채의 반추상화로 화
폭에 담은 《통영항》이 2019년 8월 자바섬 중부의 고도 족자카르타
를 방문했을 때 아판디 미술관에서 마주한 그림들과 묘하게 오버랩
된 까닭이다.

국내에는 거의 소개되지 않았지만 아판디는 "인도네시아의 고흐"
라는 별칭만큼이나 표현주의 회화에 한 획을 그은 거장으로 명성이
높다. 손에 붓을 쥐는 대신 캔버스에 바로 물감을 사용하는 방식으
로 인도네시아의 자연과 사람, 전통 등을 그린 작품 2,000여 점을
남겼다. 유럽과 미국 등에서 전시회를 열면서 세계적 예술가로 사랑
받은 아판디는 1954년 족자카르타로 옮겨 와 아판디 미술관을 손수
디자인하고 설계했다. 화가의 시신이 묻혀 있기도 한 미술관에는 아
판디의 표현주의 양식의 변화상을 보여주는 투박함과 강렬함이 함
께 묻어나는 작품 300여 점이 매일같이 방문객들을 맞이한다.

각각 한국, 인도네시아 미술계를 대표하는 전혁림 화백과 아판디
가 걸어온 발자취는 다른 듯 같다. 화풍을 차치하고라도 일찌감치
중앙 화단에서 인정받은 아판디와는 달리 전혁림 화백은 예순이 넘
어서야 본격적으로 주목받았다. 넉넉한 가정에서 성장한 아판디는
별다른 경제적 어려움을 겪지 않았지만, 전혁림 화백은 생활고에서
자유롭지 못했던 것으로 전해진다. 반면 도회지가 아닌 통영과 족자

인도네시아 족자카르타 시내에 위치한 아판디 미술관

카르타라는 예향의 고장에서 독창적으로 창작열을 불태운 점, 시대정신을 내포하거나 미적 전통을 현대적 감각으로 재해석한 작품을 다수 남긴 점 등은 두 화가를 관통하는 키워드이다. 여기에 실제 거주하던 건물을 개조한 미술관을 매개로 후세와 소통해온 것도 공통점이다. "동양의 나폴리"에서 발견한 한국과 동남아를 이어주는 새로운 끈으로 부르기에 부족함이 없는 이유이다.

한국인들의 여름 해외 휴가지 1순위, 동남아시아

매년 여름 피서철이 다가오면 휴가지 선택에 고민하는 광경을 어렵지 않게 찾아볼 수 있다. 국내에 머물며 산과 바다 등지로 떠나는 경우가 있는가 하면, 해외로 향하는 비행기나 배에 몸을 싣는 사례도 심심찮게 목격된다. 특히 해가 거듭될수록 국제선 항공기에 탑승하기 위해 공항으로 발걸음을 옮기는 휴가객들이 늘어나고 있다. 실제 한국관광공사에 따르면, 2000년대 중반 이후 해외 여행객은 매년 10퍼센트 넘게 가파르게 증가하고 있으며, 2017년에는 사상 최대인 2,600여만 명을 기록했다. 2018년 휴가철 역시 극성수기인 7월 말에서 8월 초에는 몰려드는 인파로 주요 공항 출국장이 발 디딜 틈 없이 붐빌 것으로 일찌감치 예상됐다.

　과연 올여름 해외 휴가지로 가장 각광받는 곳은 어디일까? 하나

투어가 2018년 6월 성인 남녀 300명을 대상으로 여름휴가 계획을 물은 결과, 동남아시아가 휴가 예정지 1위에 이름을 올렸다. 일본과 유럽, 미주·호주 등이 차례로 그 뒤를 이었다. 내로라하는 해외여행지들을 제치고 동남아가 휴가 혹은 방학을 보낼 최적의 장소로 떠오른 것이다. 설문조사에서 여행 시기·기간, 여행 경비 등의 항목이 휴가지를 고르는 최우선 고려 요인으로 꼽힌 것은 동남아의 인기와 맥락을 같이한다. 즉 일본을 제외하면 다른 경쟁 지역들에 비해 한국과 물리적 거리가 가깝고, 싱가포르를 빼면 전반적 물가 또한 저렴한 동남아의 매력이 휴가족들의 눈길을 사로잡은 것이다.

이는 동남아 여행 경험자라면 대부분 고개를 끄덕이는 특징이다. 웬만한 유럽 도시에 가려면 최소 열 시간 이상 비행기를 타야 하지만, 한국에서 가장 멀리 떨어진 동남아 국가인 인도네시아의 발리까지도 일곱 시간 정도면 도착할 수 있다. 지리적 근접성에 더해 에어아시아, 비엣젯항공, 세부퍼시픽항공 등 저비용 항공사가 잇따라 등장하면서 동남아 하늘길 문턱도 계속 낮아지고 있다. 여기에 같은 아시아 대륙 국가로서 문화적 이질감이 비교적 적은 점, 특히 최근 들어 현지 먹거리들이 국내 젊은 층의 시선을 끄는 점 등도 동남아 행을 가속화하고 있다. 필자 역시 싱가포르와 인도네시아에 체류하면서 동남아 이곳저곳을 누볐던 기억이 생생하다. 동남아의 허브 싱가포르에서는 역내 거점 도시로 취항하는 직항편 티켓을 쉽게 구할 수 있었다. 이와 함께 비수기에는 인도네시아 수도 자카르타와 발리

인도네시아 발리섬 남단의 울루와투 절벽을 배경으로 펼쳐지는 전통 공연을 관람하는 여행객들

간 왕복 항공권을 10만 원이 채 안 되는 가격에 손에 넣기도 했다. 이 밖에 배낭을 둘러메고 기차, 버스 등을 이용해 큰 경제적 부담 없이 현지인들의 생활 속으로 깊숙이 들어가보는 호사도 여러 번 누렸다.

그렇다면 국제 사회의 눈에 비친 동남아 관광여행 시장은 어떤 모습일까? 동남아는 한국인들뿐만 아니라 전 세계적으로도 환영받는 휴가지일까? 세계경제포럼World Economic Forum이 발표한 "관광여행경쟁력보고서 2017 Travel and Tourism Competitiveness Report 2017"은 부상하는 신흥 관광지 동남아의 현주소를 보여주고 있다. 보고서에 따르면 동남아가 포함된 아시아·태평양 지역은 규모에서는 유럽에 이어 두 번째로, 성장률에서는 단연 첫번째로 뜨거운 시장으로 조사됐다. 일본과 한국, 홍콩 등 동북아 선진국들과 호주는 치안 상태와 인터넷 환경, 문화유산 등의 측면에서 높은 점수를 받았다. 반면 동남아 국가들은 가격 경쟁력과 자연 자원을 앞세워 여행객들을 유혹하는 것으로 집계됐다. 싱가포르와 말레이시아, 태국 외에는 교통 인프라 및 법적·제도적 여건 등에서 낮은 평가를 받았지만, 개발도상국이 대다수인 지역답게 저렴한 물가와 천혜의 자연환경을 무기로 존재감을 뽐낸다는 설명이다. 보고서는 무엇보다도 베트남과 인도네시아에 주목했다. 각각 동남아 대륙부와 해양부를 대표하는 신흥국으로서 관광산업 경쟁력이 꾸준히 상승해왔다. 베트남은 여행산업 종사자들의 인력 수준이 향상되면서 문화 자원을 적극 개발한 점이 호평을 받았다. 인도네시아는 정부의 적극적인 관광산업 육성 의지 속에 인

프랑스 식민 지배 시절인 19세기 말 건축된 명소인 베트남 호치민시 중심부의 노트르담대성당

지도 높은 자연 관광지를 합리적 비용으로 여행할 수 있는 점이 긍정적으로 비쳤다. 뜨거운 여름의 오아시스로 동남아가 손색없는 이유이기도 하다.

이야기 속 이야기:
한여름 무더위를 식혀줄 동남아시아 고산도시 3선

최근 나라 밖으로 떠나는 휴가족들 가운데 동남아시아행 비행기에 오르는 경우를 어렵지 않게 목격할 수 있다. 동남아와 한국 간 물리적 거리가 가깝고 물가 역시 저렴한 까닭에 큰 부담 없이 휴가를 보낼 수 있다는 인식이 확산된 덕분이다. 특히 지구촌에서도 손꼽힐 만큼 한반도의 여름이 뜨겁게 달아오르면서 동남아의 열대성 기후조차 더는 감점 요인이 아닐 정도다. 그렇다면 동남아 고산 지역은 어떨까? 접근성 및 비용 장점에 더해 고지대 특유의 선선한 날씨마저 제공된다면 동남아 일정이 한층 기다려질 것이다.

이런 측면에서 동남아를 대표하는 고산도시 세 곳을 소개하려고 한다. 태국의 치앙마이와 인도네시아의 반둥, 그리고 베트남의 달랏이 그 주인공들이다. 발리나 푸켓, 다낭 등 동남아를 상징하는 휴양

태국 치앙마이의 불교 사원인 도이수텝 사원으로 향하는 계단

지들에 비해 인지도는 떨어질지 모른다. 여기에 지리적 특성상 일교차가 크고, 수도나 유명 관광지에 비해 상대적으로 교통편이 불편한 것도 사실이다. 하지만 햇살은 강렬해도 습하지 않아 쾌적한 체류 환경, 넉넉하고 순박한 인심과 고유한 문화유산 등은 고산도시들의 커다란 비교 우위이다.

북방의 장미, 태국 치앙마이

태국 북부에 위치한 치앙마이는 13세기 후반 설립돼 500년 넘게 지속된 고대 란나 왕국의 수도였다. 현지어로 "새로운 도시"를 의미하는 치앙마이는 과거와 현재가 온화한 기후 속에 공존하는 듯한 인상을 풍긴다. 그중에서도 해발고도 1,053미터에 자리 잡은 도이수텝 사원은 치앙마이를 넘어 태국을 상징하는 불교 유적으로 불린다. 290여 개 계단을 지나 정상에 오르면 황금빛 불탑과 불상, 치앙마이 전경이 관광객들의 눈길을 사로잡는다. 인근에 들어선 왕실 별장으로 사용되는 푸핑 왕궁과 고산족 소수민족인 몽족 마을도 보통의 여행지들과는 차별화된 볼거리를 자랑한다. 배낭족들의 천국으로 주가를 높여온 치앙마이에는 전통 못지않은 자유로움과 세련됨도 흠뻑 묻어난다. 여느 대도시 못지않은 트렌디한 카페와 개성 넘치는 소품샵, 앙증맞은 거리 캐릭터 등이 이방인들을 유혹하면서 최근에는 서양 젊은 층을 중심으로 디지털 노마드들의 발길도 끊이지 않고 있다.

반둥회의 60주년을 기념해 인도네시아 반둥 중심부에 마련된 거리 조형물

자바의 파리, 인도네시아 반둥

반둥은 인도네시아의 수도 자카르타에서 동남쪽으로 약 130킬로미터 떨어진 교육과 관광의 도시이다. 국내에는 학창 시절 세계사 수업 시간 "아시아·아프리카 회의(반둥회의, 1955년 4월 식민 정책에 반대하는 아시아 및 아프리카 29개 신생 독립국 대표들이 모인 국제회의)" 개최지로 어렴풋이 접했던 장소이다. 하지만 인도네시아를 350년가량 지배했던 네덜란드인들에 의해 "자바의 파리Paris Van Java"로 환영받았을 만큼 일찍부터 고원 휴양지로 이름이 높았다. 실제 "침몰한 배"를 뜻하는 탕쿠반 프라후 화산 및 인근의 치아트르 온천 지대, 현지에서도 명성이 자자한 녹차밭 등 자연 관광지들이 여행객들의 감탄을 자아낸다. 이와 함께 미인이 많기로 유명한 순다족이 대부분인 주민들의 온화한 미소와 둘째가라면 서러운 명문대학 캠퍼스들이 뿜어내는 학구열, 시내 곳곳에서 관광객들의 발걸음을 유혹하는 가성비 높은 의류 할인 매장 등도 빼놓을 수 없는 반둥의 매력이다.

꽃의 도시, 베트남 달랏

달랏은 치앙마이는 물론 반둥과 비교해도 다소 생소한 지명이다. 하지만 세 곳 중 가장 고산도시다운 모습을 간직하고 있는 베트남 남부의 고도이다. 1,500미터에 육박하는 달랏의 해발고도는 반팔 옷을 꺼내 입는 것을 주저할 수밖에 없는 연중 20도 내외의 선선함을 선물한다. 그래서일까, 달랏은 프랑스 식민 통치 시절 일찌감치 관광

베트남 달랏 시내에서 멀지 않은 관광 명소인 다탄라 폭포

지로 각광받으며 개발도상국들에서는 쉽게 발견하기 힘든 깔끔하고 정돈된 느낌을 전달한다. 달랏 시내에서 멀지 않은 다탄라 폭포와 인접한 불교 사원인 죽림 사원은 절로 고개를 끄덕이게 하는 필수 탐방 코스다. 시골 간이역을 빼닮은 달랏 기차역과 랑비엔산도 아기자기함을 무기로 눈길을 끌기는 마찬가지이다. 이밖에 호수가 내려다보이는 전망의 커피 농장에서는 따뜻한 커피 한 잔의 낭만도 만끽할 수 있다. 외국인들보다는 현지인들이 더욱 선호하는 여행지로서 북적임보다는 여유로움이 묻어나는 분위기도 달랏을 돋보이게 한다.

3

멀지만 가까운 나라
인도네시아

부정부패와 교통체증, 그리고 인도네시아 대선

민정 이양 여부에 관심이 쏠렸던 태국 총선과 더불어 2019년 상반기 아세안에서 가장 주목받은 정치 이슈였던 인도네시아 대선이 막을 내렸다. 2019년 4월 17일 인도네시아 역사상 최초로 총선 및 지방선거와 나란히 치러진 대통령 선거에서 조코위 현 대통령은 야권의 프라보워 수비안토 대인도네시아운동당 총재를 물리치고 승리를 선언했다. 5년 중임제의 대통령제를 도입한 인도네시아에서 이번 선거는 2014년에 맞붙었던 대통령 후보들 간 재대결 구도가 형성됐다는 점에서 일찌감치 화제를 몰고 왔다. 여론조사 기관들의 표본개표 결과가 점쳤던 것처럼, 조코위 대통령은 지난 대선의 6.3퍼센트를 훌쩍 웃도는 11퍼센트 득표율 차이로 재선을 확정했다. 대선 결과에 불복한 프라보워 후보 진영에서 부정선거 의혹을 제기하며 헌법재

대선 후 기자회견을 진행하는 조코위 현 대통령

판소에 선거무효소송을 제기했지만 결국 패소했다.

국내외 언론과 싱크탱크 등에서는 조코위 대통령이 1억 9,000만여 명 유권자들의 재신임을 받은 배경을 꼽느라 분주했다. 우선 조코위 대통령이 2014년 10월 취임한 이래 2018년까지 인도네시아 경제가 연평균 5퍼센트의 건실한 성장률을 달성한 사실에 주목해야 할 듯하다. 중국 경기 둔화 등의 여파로 원자재 수출이 타격을 입은 데 신흥국 금융 불안 등이 더해지면서 같은 기간 환율이 25퍼센트가량 하락하는 대외 악재에도 불구하고 선방했다는 평가가 주를 이룬다. 여기에 이미 다섯 개의 유니콘이 탄생했을 만큼 디지털 경제를 미래 성장 동력으로 적극 육성한 점도 IT에 친숙한 젊은 층을 중심으로 지지를 이끌어냈다는 분석이다. 이밖에 대중교통 시스템을 개선하고 고속도로를 신설하는 등 인프라 확충에 팔을 걷어붙이는 한편, 의료보장을 확대하는 등 빈곤 퇴치에 노력한 점도 후한 평가를 받았다.

2013년 처음 인도네시아와 인연을 맺은 후 현지인들로부터 가장 많이 접한 단어가 두 개 있다. 바로 "Korupsi(부패)"와 "Macet(교통체증)"이다. 사회 전반에 팽배한 부정부패와 국가 경쟁력을 갉아먹는 만성적 교통 정체가 인도네시아의 발전을 가로막고 있다며 안타까워하는 목소리가 높았다. 조코위 대통령이 연임을 달성한 데는 인도네시아 사회의 해묵은 과제가 조금씩 해결될 수 있다는 희망을 전달한 점도 중요한 역할을 했다. 공직 사회에 청렴을 주문하기 위해 부패방지위원회의 위상을 강화한 한편, 인도네시아의 첫 지하철인 자카르타 MRT 1단계 구간을 개통한 것 등이 대표적이다. 자수성가한 기업가 출신 정치인으로서 중앙 정치 무대에 혜성처럼 등장했던 조코위 대통령의 지지 기반인 젊은 세대와 서민층이 피부로 느낄 수 있는 변화상이다. 물론 기득권층의 저항과 공무원들의 복지부동, 지방 행정력 부재 등 여전히 갈 길은 멀다. 하루아침에 세상이 바뀔 수는 없겠지만, 인도네시아 국민들도 할 수 있다는 긍정의 메시지가 결국 조코위 대통령 당선에 힘을 실어준 것은 아닐까 해석되는 대목이다. 친서민 및 개혁 성향의 대통령과 함께하게 된 인도네시아의 앞으로 5년이 더욱 기대되는 이유이다.

스타트업들이 입주한 자카르타 시내의 코워킹 스페이스

변화하는 금식의 달
"라마단"

2019년 5월 전 세계 이슬람권에는 5일부터 시작된 라마단이 한창이다. 아랍어로 무더운 달을 뜻하는 라마단은 이슬람 달력상의 아홉 번째 달에 해당한다. 보통 해가 떠 있는 동안 음식을 멀리하고 스스로를 성찰하는 금식의 달로 알려져 있다. 무슬림의 5대 의무 중 하나인 라마단이 선포되면 이슬람 신자들은 한 달간 "푸아사Puasa(금식)"에 돌입한다. 이에 따라 무슬림들은 일출부터 일몰까지 원칙적으로 음식과 물을 입에 대지 않는다. 병자, 여행자, 임산부 등을 제외하면 흡연, 유흥 등도 멀리한 채 날마다 다섯 번 기도를 하며 자신을 돌아보는 모습이 일상적으로 관찰된다.

동남아시아에서도 라마단은 남다른 의미를 갖는다. 바로 동남아가 지구촌에서 무슬림이 가장 많이 거주하는 곳으로 꼽히기 때문이

라마단 기간 커튼을 내리고 손님을 맞이하는 자카르타 시내의 카페

다. 실제 동남아에는 대략 2억 5,000만 명의 무슬림이 머물고 있는 것으로 추정된다. 이는 동남아 전체 인구 6억 5,000여만 명의 40퍼센트에 이르는 수치이다. 무슬림 인구는 아세안 10개 회원국들 중 인도네시아와 말레이시아에 몰려 있다. 인도네시아는 국민의 약 85퍼센트인 2억 2,000만 명이, 말레이시아는 국민의 62퍼센트가량인 2,000만 명이 무슬림으로 집계된다. 이밖에 말레이시아와 마찬가지로 이슬람교가 국교인 브루나이는 물론 말레이어가 4개 공용어 중 하나로 쓰이는 도시국가 싱가포르에서도 무슬림들을 쉽게 만날 수 있다.

동남아 무슬림 열 명 중 아홉 명 가까이가 거주하는 인도네시아에서 라마단을 지켜보면서 몇몇 특징들이 눈길을 끌었다. 우선 지역에 따라 라마단을 대하는 태도에 상당한 차이가 나타났다. 예를 들어, 13세기 초 이슬람 상인들에 의해 이슬람교가 처음 전파된 수마트라섬 북부의 아체 등 무슬림 색채가 강한 고장일수록 라마단에 충실한 경향이 뚜렷하다. 반면 주민 대다수가 힌두교를 따르는 발리 등 비무슬림 지역에서는 아무래도 라마단이 별다른 관심을 끌지 못한다. 이와 함께 기독교도나 불교도 등이 대부분인 중국계 인도네시아인, 즉 화인 공동체에서도 라마단은 상대적으로 크게 주목받지 못하는 형편이다. 여기에 세대별로도 라마단을 보내는 방식은 같지 않다. 기성세대가 대체로 원리원칙을 좇는 반면, 젊은 층에서는 이슬람 규율에 덜 얽매이는 현상이 폭넓게 발견된다. 현지 사정에 익숙한 필자의 지인은 "한국에서도 대를 거듭할수록 제사 등 유교적 관

"부카 푸아사" 음식으로 인기가 높은 대추야자 음료를 마시기 위해 줄을 선 무슬림들

넘이 희미해지는 것처럼, 젊은 무슬림들이 라마단을 바라보는 시각도 예전과는 다른 것 같다"고 설명했다.

실제 대도시를 중심으로 반환점을 향해 달려가는 2019년 라마단 풍경이 과거와 달라진 점은 어렵지 않게 찾아볼 수 있었다. 물론 금식으로 인해 점심시간 레스토랑, 카페 등이 덜 북적이고 사회 전반적으로 다소 활기가 떨어진 모습은 여전했다. 이외에 일몰 후 평소보다 질적, 양적으로 푸짐한 먹거리들이 "부카 푸아사Buka Puasa(금식을 깸)"를 기다려온 무슬림을 유혹하는 광경도 비슷했다. 하지만 예년에 비해 낮 시간 문을 연 식당들이 눈에 띄게 늘어났고, 라마단 특수를 겨냥한 각종 온·오프라인 프로모션은 더욱 풍성해졌다. 특히 인파로 붐비는 대형 쇼핑몰 등에서는 여론 등을 의식해 커튼을 내리거나 조명을 어둡게 하고 손님을 맞이해온 기존의 라마단 분위기를 구경하기 힘들었다. 불과 5년 전 인도네시아 제3의 도시 반둥에서 직장 동료들을 따라 3일간 금식에 동참하며 경험했던 첫 라마단과 비교하면 변화상을 실감할 수 있는 수준이었다.

최근 인도네시아 사회의 보수화 논란(?)에도 불구하고, 라마단의 종교적 의의는 점점 약해지고 상업적 측면은 강조되고 있다는 게 일반적인 관측이다. 전통적으로 무슬림들에게 1년 중 가장 신성한 시기로 인식돼왔지만, 시간이 흐를수록 이슬람 경전의 해석에 집착하기보다는 가족, 친구들과 함께 즐기는 축제 성격이 짙어지고 있다는 것. 5~10년 뒤 인도네시아의 라마단 풍경이 벌써부터 궁금해진다.

"르바란"
귀성 전쟁 시작되는 인도네시아

5월 5일 닻을 올린 2019년 라마단도 어느덧 종반에 접어들었다. 한 달간 금식이 마무리되는 시점이 다가오면서 인도네시아에는 "르바란"이라는 단어가 자주 회자되고 있다. 이슬람교, 무슬림 문화 등에 별다른 관심이 없다면 르바란이 다소 낯설게 느껴질지도 모른다. 르바란은 라마단 직후 이둘 피트리 축제와 함께 진행되는 이슬람권을 대표하는 연휴로 보통 풀이된다. 무슬림들은 라마단이 무사히 끝난 것을 감사하며 서로에게 덕담을 건네고 가족 및 친구들과 음식, 선물 등을 주고받는 이둘 피트리를 이틀간 성대하게 기념한다. 이를 전후해 명실상부한 인도네시아 최대 명절 르바란이 막을 올린다.

2019년 인도네시아 정부가 6월 5, 6일 이둘 피트리 앞뒤로 3, 4일과 7일을 나란히 르바란 공휴일로 지정하면서 주말을 포함한 9일간

자카르타 서쪽의 버스터미널에서 자바섬 중부행 버스에 오르는 귀성객들

의 연휴가 탄생했다. 주변에는 예수승천일 공휴일인 5월 30일 다음 날인 31일까지 휴가를 내고 최장 11일간의 황금연휴를 즐기는 경우도 제법 많다. 실제 휴일인 30일 자카르타 중심부의 타나 아방Tanah Abang 재래시장 등은 르바란을 앞두고 쇼핑에 나선 현지인들로 하루 종일 북적거렸다. 여기에 도시 외곽의 주요 버스터미널에는 이른 귀성길을 재촉하는 발걸음도 줄을 이었다.

한국의 추석과 닮은꼴인 르바란 기간이 임박하면 귀성 전쟁이 빠짐없이 언론의 헤드라인을 장식한다. 1년간 손꼽아 기다려온 가족, 친척 등과 만나기 위해 3,000만 명 이상이 고향 길을 떠나는 광경이 인도네시아 곳곳에서 펼쳐지는 까닭이다. 연휴가 본격화되면 귀성 차량들이 대거 쏟아지면서 자카르타 등 대도시와 지방을 잇는 주요 도로는 거대한 주차장을 방불케 한다. 수백 킬로미터에 이르는 가족 단위 장거리 이동이 대부분인 르바란 귀성이 차량 의존도를 높이면서 교통 정체는 심해지고 그 결과 하염없이 도로에 발이 묶이기 십상이다. 최근 일부 고속도로가 신설되고, 프무딕Pemudik으로 불리는 귀성객들을 실어 나를 대형 버스들도 부랴부랴 증편되었지만 여전히 수요를 충족하기에는 역부족이다. 2019년 또한 6월 2일경 귀성 행렬이 절정에 달할 것으로 예상되면서 경찰과 소방 당국 등이 비상 근무에 돌입한 상태다.

이렇듯 르바란 교통지옥이 매년 반복되면서 안쓰러운 뉴스 역시 심심치 않게 들려온다. 부푼 마음을 간직하고 귀성길에 올랐지만 미처 고향 땅을 밟지 못하고 세상을 떠나는 현지인들의 소식이 전해지기 때문이다. 2019년보다 르바란이 한 달가량 일찍 찾아온 2016년 7월 초 인도네시아를 슬픔에 빠뜨렸던 사망 사고가 대표적이다. 자바섬 중부 지역의 한 고속도로 나들목에서 교통 정체로 인해 20시간 넘게 도로에 갇혀 있던 귀성객 12명이 목숨을 잃은 사건이 보도돼 충격을 안겼다. 당시 언론은 이들 대부분이 노인으로, 30도를 넘나드는 무더위 속 장시간 여행으로 인해 피로가 누적돼 사망했다고 분석했다. 이를 포함해 2016년 르바란 기간 교통 관련 사고로 인한 사망자만 인도네시아 전역에서 400명을 웃도는 것으로 집계됐을 정도이다. 개인적으로도 조그만 용달차에 귀성객 10여 명이 가재도구까지 챙겨 아슬아슬하게 올라탄 모습을 보고 아찔했던 기억이 있다.

사실 르바란 연휴 같은 대이동 기간에는 아무래도 사건과 사고가 증가하기 마련이다. 한국에서도 추석, 설날 연휴에는 고속도로 등에 극심한 병목현상이 나타나면서 안타까운 인명 피해가 발생해왔다. 하지만 인도네시아 정부조차 "중간중간 차량 밖으로 나와서 충분히 휴식을 취해야 한다"고 당부하는 것 외에는 마땅한 해법이 없다고 털어놓을 만큼 왕복 수십 시간의 르바란 귀성은 전쟁에 비유되곤 한다. 즐거움과 설렘으로 가득해야 할 귀성길이 시간이 지날수록 체력 저하, 수면 부족, 매연 중독 등에 시달리는 고행길로 변한다는 탄식이 터져 나오는 것. 조금씩이나마 귀성 환경이 개선돼 가급적 슬픈 르바란 소식이 들려오지 않기를 기대해본다.

자카르타 시내의 쇼핑몰 내부에 설치된 라마단 기념 장식

문화와 예술의 섬,
인도네시아 발리

"신들의 섬", "예술의 섬", "지상 최후의 낙원".

인도네시아 발리를 묘사하는 수식어들이다. 인도네시아 하면 발리를 가장 먼저 떠올리는 경우가 많을 정도로 발리는 세계적 휴양지로서 명성을 쌓아왔다. 2010년 개봉한 할리우드 영화 《먹고 기도하고 사랑하라Eat Pray Love》의 배경으로도 등장했던 발리에는 실제 매일같이 지구촌 여행객들의 발길이 끊이지 않는다.

발리는 자연, 종교, 음식 등 다방면에서 팔색조의 매력을 갖춘 관광섬으로 이름이 높다. 그중에서도 예술 및 문화는 발리를 동남아시아의 여느 휴양지들과 차별화하는 자랑거리다. 화산 지형이 주를 이루는 지리적 특성, 힌두교의 토착 신앙화 등의 복합 산물로 일찌감치 발리만의 독창적인 예술이 탄생했다. 그리고 네덜란드 지배하

발리 우붓 인근에 설립된 존 하디 주얼리 워크숍 외부

에 있던 1920~30년경부터 서양 예술가들이 발리로 옮겨 오면서 국제 사회의 주목을 받기 시작했다. 지금은 예술인 마을로 유명한 우붓 지역을 중심으로 발리의 역사와 자연을 녹여낸 수준 높은 회화 및 공예 작품 등이 생산되고 있다. 발리의 문화와 미적 감각에 매료된 서양인 부녀가 각각 현지의 선통 예술을 상품화해온 공간 두 곳을 소개하려고 한다.

존 하디 주얼리 워크숍 John Hardy Ubud Workshop

캐나다 출신의 미술가이자 디자이너 존 하디는 1989년 우붓 인근에 워크숍을 설립하고 자신의 이름을 딴 주얼리 브랜드를 출시했다. 존 하디 워크숍에서는 결혼 예물로도 손색없다는 평가를 받는 고급 주얼리 제품이 생산돼 미국 등지로 수출되고 있다. 워크숍 안으로 발걸음을 옮기면 발리인 종업원들이 주얼리 제작에 여념 없는 모습과 마주한다. 가장 눈길을 사로잡는 것은 수작업이 일사불란하게 진행되는 광경이다. 고온고압의 환경이 요구되거나 제품에 윤을 내는 일부 공정을 제외한 주얼리 제작은 모두 현지인들의 수작업에 의존한다. 그리고 제품에는 발리의 신화와 자연이 그대로 옮겨진다. 발리에서 신성시되는 용과 원숭이 등을 정성스럽게 제품에 새겨 넣는가 하면 발리의 환경을 대표하는 대나무, 돌 등을 디자인으로 형상화하기도 한다. 디자인이 결정된 후 주얼리가 완성되기까지 걸리는 시간은 적게는 수일에서 많게는 수개월. 발리의 전통과 문화가 현대적 디자

발리 아융강 변에 위치한 이부쿠 대나무 건축(이부쿠 제공)

인의 주얼리 제품으로 거듭나는 기간에 다름 아니다.

엘로라 하디 이부쿠Elora Hardy IBUKU

발리 공항에서 우붓으로 향하는 길의 아융강 변에서 만날 수 있는
"이부쿠Ibuku(인도네시아어로 각각 엄마, 나를 뜻하는 Ibu와 Ku의 합성어)"
는 인도네시아 대나무 건축의 선두 주자 중 하나다. 존 하디의 딸인
엘로라 하디는 1980년대 몇몇 서양 예술가들에 의해 태동된 발리
의 대나무 건축을 본격화했다. 엘로라 하디는 젊은 디자이너와 건축
가, 엔지니어들과 의기투합해 2010년 럭셔리 대나무 디자인을 표방
한 이부쿠를 선보였다. 발리의 수공예 전통에 현대적 엔지니어링과
디자인 아이디어를 접목한 고유의 대나무 건축을 내놓은 것. 엘로라
하디는 "열대의 환경에서 대나무 소재의 장점을 최대한 살려 인간과
자연이 진실한 관계를 맺는 공간을 제공하는 것이 이부쿠의 목표"
라고 강조했다. 대나무에 기반한 지속 가능한 건축과 디자인을 통해
럭셔리 개념의 재정의를 추구하는 이부쿠는 그린 스쿨, 그린 빌리지,
"밤부 인다Bambu Indah(아름다운 대나무)" 부티크 호텔 등 예술성과 실
용성을 두루 갖춘 대나무 건축을 잇따라 완공하며 호평받고 있다.

자카르타 구시가지로 떠나는
도보여행

전 세계 어디에서나 구시가지가 갖는 의미는 남다르다. 대부분 도시가 처음 형성됐던 지역으로 몇백 년을 훌쩍 넘긴 유서 깊은 건물들이 덤덤하게 이방인들을 맞이한다. 시간이 멈춰버린 듯한 거리는 화려했던 과거의 영광을 간직하고 있다. 비록 도시가 팽창하면서 신시가지에 주연의 자리는 넘겨줬지만, 구시가지에는 세월의 연륜이 한아름 묻어난다. 인도네시아의 수도 자카르타에도 그런 동네가 있다. 자카르타 북쪽에 위치한 구시가지 "코타 투아Kota Tua"지역(코타 투아 지역에 대한 정보는 『왜 세계는 인도네시아에 주목하는가』의 "인도네시아의 근현대, 자카르타 꼬타 투아"에서 참조했다.)이 그 주인공이다. 2019년 6월 하순의 주말 오전, 인도네시아 근현대사의 발자취를 고스란히 담고 있는 코타 투아로 도보여행을 떠났다.

19세기 말 처음 설립된 자카르타 코타 기차역은 코타 투아 여행의 출발점이다. 자카르타 시내의 감비르 기차역이 한국의 서울역에 비유된다면, 코타 기차역은 자카르타와 인근 도시들을 연결하는 통근열차의 중심지 역할을 해왔다. 코타 투아의 중심부에는 파타힐라 Fatahillah 광장이 자리 잡고 있다. 자카르타가 순다 클라파 Sunda Kelapa 라고 불리는 작은 항구 도시였던 16세기 초반, 포르투갈 세력을 몰아낸 술탄의 이름에서 유래한 광장이다. 이후 네덜란드 동인도회사가 설립되고 총칼을 앞세운 네덜란드의 인도네시아 통치가 본격화되면서 파타힐라 광장도 역사의 전면에 등장하게 된다. 350년 이상 계속된 네덜란드 식민 지배를 상징하는 존재가 된 파타힐라 광장은 자카르타 역사박물관으로 탈바꿈한 옛 바타비아 Batavia (네덜란드 통치 시절 암스테르담을 본떠 설계된 자카르타의 명칭) 시청 건물과 마주하고 있다. 동행했던 현지인 가이드에 따르면, 광장과 이 건물에서 식민 통치가 논의되고 관련 법령이 선포된 한편, 네덜란드에 맞선 인도네시아인들을 공개 처형했다고 한다. 태평양전쟁 기간에는 일본 군대가 머물렀던 파타힐라 광장은 식민 지배의 아픈 역사를 묵묵히 지켜봐온 인도네시아 역사의 산증인에 다름 아니다.

역사박물관 외에도 광장 주변에는 와양 Wayang (인도네시아 전통 그림자 인형극)박물관과 도자기예술박물관이 눈길을 끈다. 각각 동인도회사 시절 교회와 법원으로 쓰였던 건물을 현대적 용도에 맞게 활용하고 있는 곳들이다. 여기에 역사박물관 맞은편으로는 바타비아 카

코타 투아 중심부에 위치한 파타힐라 광장

페가 시선을 사로잡는다. 미국 『뉴스위크』가 선정한 세계 100대 카페에 이름을 올린 명소로 외국인 여행객, 특히 서양인들의 필수 탐방 코스로 잘 알려져 있다. 한때 네덜란드 총독의 관저로 사용됐던 건물 2층으로 발걸음을 옮기면 파타힐라 광장이 한눈에 내려다보인다. 벽을 가득 메운 액자와 고풍스러운 느낌의 인테리어가 유럽의 오래된 카페에 들어선 듯한 느낌을 선물한다. 계단 한편에는 수카르노 인도네시아 초대 대통령, 엘리자베스 영국 여왕 등 카페를 다녀간 유명 인사들의 사진도 걸려 있다.

이와 함께 소형 승합차 앙콧에 몸을 싣고 북쪽 해안가로 이동하면 순다 클라파 항구가 나타난다. 지금은 많이 쇠퇴했지만 여전히 칼리만탄섬, 수마트라섬 등에서 농산품을 싣고 온 소형 선박들이 하역 작업을 하는 광경 등을 카메라에 담을 수 있다. 인근의 네덜란드 동인도회사 시절 조선소로 사용됐던 창고, 살짝 기울어진 모습으로 입소문을 탄 해양 감시탑 등도 관광객들의 발길을 불러 모으기는 마찬가지이다. 이밖에 말레이시아 페낭의 벽화 거리를 연상시키는 앙증맞은 벽화들과 17세기 양식의 아담한 도개교 역시 구시가지 특유의 매력을 더한다.

코타 투아 지역은 현지인들과 외국인 관광객들 모두가 즐겨 찾는 장소로 인기가 높다. 풍부한 먹거리와 다양한 거리 공연을 만끽하기 위해 친구 및 연인, 가족 단위 방문객들로 항상 붐빈다. 특히 주말이나 공휴일, 연말연시에는 파타힐라 광장을 가득 메울 만큼 인파가

순다 클라파 항구에서 하역 작업 중인 소형 선박

넘쳐난다. 곳곳에 남아 있는 유럽풍 건물에서 풍기는 이국적 분위기는 예비 신혼부부의 결혼사진 촬영지로서 코타 투아의 주가를 높이기도 한다. 또 학교 숙제를 하기 위해 외국인을 붙잡고 씩씩하게 영어 질문을 던지는 천진난만한 어린 학생들과 유쾌한 얘기를 나눌 수 있는 곳이기도 하다. 자카르타 방문을 계획하고 있다면, 인도네시아의 과거와 현재가 만나는 코타 투아를 여유롭게 둘러보면 어떨까?

자카르타 차이나타운을
아시나요?

최근 그 어느 때보다도 동남아시아에 대한 관심이 뜨겁다. 천연자원의 보고, 가성비 만점의 휴양지 등으로 주로 인식돼온 동남아 지역에 진출하려는 기업들의 발걸음이 바빠지면서 물적, 인적 교류 또한확대되는 추세이다. 아세안 및 인도와 협력 관계를 미국, 중국, 일본,러시아 등 기존 4대 강국 수준으로 끌어올리는 것을 목표로 추진돼온 현 정부의 신남방정책과 때를 맞춰 동남아가 한층 친숙하게 다가오고 있다. 글로벌 무대에서도 신흥 시장으로 남다른 이목을 끌고있는 동남아에 한 걸음 더 다가서기 위해서는 간과해서는 안 될 존재가 있다. 바로 동남아 경제의 실력자 화인 집단이다.

화인은 보통 해외에 거주하는 중국계 주민 중 해당국 국적 보유자를 지칭한다. 일상적으로는 중국 국적 보유자인 화교華僑를 화인 범주에 포함시키기도 한다. 대만 행정원 산하 교무위원회에 따르면, 2015년 말 기준 동남아에는 3,000만 명가량의 화인들이 살고 있는 것으로 집계됐다. 이는 전 세계 화인 인구 4,300여만 명의 대략 70퍼센트를 차지하는 수치이다. 인도네시아(840만 명), 태국(700만 명), 말레이시아(660만 명), 싱가포르(290만 명), 필리핀(150만 명) 등 아시아 화인 인구의 90퍼센트 이상이 동남아에 집중돼 있다.

이들 화인은 역사적으로 동남아 경제에 막강한 영향력을 행사해온 것으로 파악된다. 실제 동남아 증권시장 상장사의 약 70퍼센트가 화인 기업일 정도로 소수의 화인 자본이 사실상 동남아 민간 경제를 좌지우지해왔다는 관찰이 지배적이다. 인도네시아는 중국계 주민들의 숫자만큼이나 동남아에서 화인들의 입김이 가장 센 나라 중 하나로 꼽힌다. 수도 자카르타 북쪽의 구시가지 코타 투아 초입에 위치한 차이나타운은 인도네시아 화인들이 대를 이어 거주해온 삶의 터전이다. 찌는 듯한 무더위가 기승을 부렸던 2019년 6월 중순의 주말 화인 공동체가 꾸려진 차이나타운을 둘러봤다.

이방인에게 다소 낯설게 느껴지는 차이나타운 탐방의 길라잡이 역할은 자카르타 굿 가이드Jakarta Good Guide 소속 현지인 가이드가 담당했다. 자카르타 굿 가이드는 영국 런던의 시내 도보여행 프로그램을 벤치마킹해 2015년 무렵부터 자카르타 구시가지, 차이나타운 도보여행 프로그램 등을 운영해온 젊은 단체이다. 20명 남짓한 다국적 참가자들과 어울려 인근 동남아 대도시들에 비해 상대적으로 주

자카르타 차이나타운의 재래식 약방

목받지 못했던 자카르타의 역사적, 문화적 가치를 소개하고 있다는 자카르타 굿 가이드를 따라나섰다. 그리고 열악한(?) 도보 환경 및 적도의 날씨와 씨름하며 네덜란드 점령 시절이던 18세기 중반 이후 화인들이 모여들면서 형성되기 시작한 차이나타운 이곳저곳으로 발 품을 팔았다.

차이나타운을 상징하는 시장과 사원, 교회 등이 주를 이룬 도보 여행의 첫 목적지는 프탁 슴빌란Petak Sembilan 전통 시장이었다. 저울 에 올린 약재의 무게에 따라 가격이 결정되는 영업 방식을 고수해온 재래식 약방 등을 만날 수 있는 곳이다. 17세기 중반에 세워진 자카 르타에서 가장 오래된 불교 사원인 진 데 위안Jin De Yuan과 자카르 타에서 몇 안 되는 중국어 정기 미사가 열리는 교회인 산타 마리아 교회Church of Santa Maria de Fatima는 차이나타운을 대표하는 종교 건 축물이다. 특히 화인 가문의 맨션으로 쓰이다 1955년경 가톨릭교회 로 소유권이 이전된 산타 마리아 교회는 2018년 성탄절 온건한 무 슬림들이 테러 위협에 맞서 경찰과 함께 미사 경비를 담당했던 사실 이 알려지면서 화제가 됐다. 이밖에 좁은 통로를 따라 길거리 음식 을 파는 노점, 수산물 및 청과물 가게 등이 몰려 있는 글로리아 골 목Gang Gloria 역시 미식가들에게 빼놓을 수 없는 구경거리이다. 동남 아 최대 규모의 중국계 인구가 대대로 뿌리내려온 인도네시아의 화인 커뮤니티가 궁금하다면 자카르타 차이나타운을 방문해봄 직하다.

자카르타 차이나타운의 산타 마리아 교회 내부

인도네시아 무슬림과
"경제적 지하드"

2020년 초 일본의 영문 경제 주간지 『니케이 아시안 리뷰』는 흥미로운 소식을 전했다. "인도네시아에서 부의 격차로 인해 무슬림들이 '경제적 지하드'에 나서고 있다Indonesia's wealth gap spurs Muslims to join 'economic jihad'"는 제목의 기사가 눈길을 사로잡은 것. 뉴스는 편의점 사업을 앞세워 비즈니스 거물들에 도전하며 분투하는 독실한 무슬림들의 모습을 소개했다. 『니케이 아시안 리뷰』는 일부 지배층 및 기독교도 혹은 불교도가 대다수인 화인들에게 부가 편중되면서 경제성장 과정에서 소외된 인도네시아 무슬림들의 박탈감이 커졌다고 분석했다. 이러한 배경에서 이슬람 율법인 샤리아Syariah의 준수를 장려하고 무슬림의 경제적 영향력을 키우려는 움직임들이 확산되고 있다면서 "212 마트212 Mart"를 경제적 지하드의 대표적 사례로 꼽았다.

자카르타 남부의 관공서 건물에서 "주마탄Jumatan(금요일 점심시간 전에 드리는 특별 예배)"에 한 창인 무슬림 남성들

2017년 5월 자바섬 서부의 보고르 지역에서 1호점을 오픈한 212 마트는 "212 샤리아 협동조합212 Syariah Cooperative"이 소유하고 있다. 2017년 1월 설립된 212 샤리아 협동조합에는 현재 5만 7,000여 명의 무슬림 조합원들이 가입돼 있다. 친무슬림 매장을 표방하는 212 마트에는 여느 편의점들괴는 다른 특징들이 발견된다. 우선 매장에는 비이슬람적으로 여겨지는 술과 담배, 콘돔 등을 찾아볼 수 없다. 여기에 자체 개발한 브랜드 생수 제품을 포함해 인지도가 낮은 현지 중소기업 제품들을 함께 판매한다. 기사에 언급된 212 샤리아 협동조합 고위 관계자와 투자자들은 "피 흘리는 테러가 아닌 자비로운 투쟁을 통해 무슬림의 경제적 독립과 부의 보다 공평한 분배를 추구한다"고 강조했다.

인도네시아는 전체 인구의 85퍼센트인 2억 2,000만 명가량이 이슬람 신자로 추정되는 세계 최대 무슬림 국가이다. 이웃한 말레이시아, 브루나이 등과 달리 이슬람교가 국교는 아니지만 이슬람 문화가 역사적으로 사회 곳곳에 커다란 영향력을 행사해왔다는 데는 이론의 여지가 없다. 국민의 절대 다수를 구성하는 양적 존재감에도 불구하고, 인도네시아 무슬림들은 피라미드의 하위 계층에 속한 경우가 많다. 소수의 권력자들과 화인 자본 등에 부의 상당 부분이 집중되면서 입에 풀칠하기도 힘겨운 무슬림들을 주변에서 어렵지 않게 찾아볼 수 있을 정도이다. 경제성장의 과실을 공유하지 못하고 빈곤에 내몰린 무슬림들이 경제력의 80퍼센트 이상을 차지하는 것으로 알려

자카르타 시내의 코워킹 스페이스에 할랄^{Halal}용과 비할랄용 음식을 조리하는 전자레인지가 별도로
마련된 모습

진 화인 공동체에 반감을 표출하는 현장이 심심찮게 보도되는 점도 이와 무관하지 않다. "다양성 속의 통일성"을 국가 모토로 내세운 인도네시아 사회에 잠재한 갈등의 씨앗인 셈이다.

인도네시아를 오랫동안 지켜봐온 필자의 지인들은 사회 전반이 갈수록 보수화되고 있다고 입을 모은다. 길거리에는 히잡을 쓴 무슬림 여성들이 꾸준히 늘어나고, 대형 마트와 일부 레스토랑 등을 제외하면 대도시에서도 알코올음료를 구하기가 점점 어려워진다고 목소리를 높인다. 이렇듯 이슬람의 입김이 거세지면서 소득 불평등이 만연한 현실을 타개하려는 무슬림들의 발걸음에도 한층 속도가 붙을 것으로 관측된다. 즉 다양한 분야에서 제2, 제3의 212 마트가 탄생할 가능성이 높게 점쳐지고 있다. 물론 무슬림들의 행보가 항상 환영을 받는 것은 아니다. 이미 몇몇 폐업한 매장이 나타났다고 전해질 만큼, 이슬람화에 수반되는 다른 종교에 대한 불관용 등을 우려하면서 212 마트 방문을 주저하는 시민들 역시 적지 않다. 그럼에도 불구하고 정치적 못지않은 경제적 위상 강화를 갈망하는 무슬림 공동체의 절박함은 당분간 수그러들지 않을 전망이다. 인도네시아 무슬림의 경제적 지하드가 어떻게 전개돼나갈지 지켜볼 일이다.

부산 찾은 인도네시아 대통령의
"즉흥적 현장 방문"

한국과 아세안의 대화관계 수립 30주년을 기념해 2019년 11월 25~27일 부산에서 열린 "2019 한-아세안 특별정상회의"와 "제1차 한-메콩 정상회의"가 성공적으로 막을 내렸다. 문재인 대통령과 아세안 10개국 정상들은 "부산 선언"을 채택하면서 2009년, 2014년에 이어 세번째로 개최된 특별정상회의를 마무리했다. 한국 사회의 아세안에 대한 인식이 달라지는 계기가 될 만한 가능성이 엿보인 정상회의를 앞두고 속속 한국에 도착한 아세안 회원국 정상들의 일거수일투족이 시시각각 언론에 소개됐다. 특히 부총리 겸 외교장관이 총리를 대신해 방한한 캄보디아를 제외한 아세안 9개국 정상들이 공식 행사 전후로 소화한 개별 일정이 남다른 시선을 사로잡았다. 예를 들어, 리센룽 싱가포르 총리는 부인과 나란히 서울 홍대 밤거리와 경의선 숲길, 이화여대 등을 탐방한 뒤 개인 SNS에 개성 넘치는 사진들을 올려 눈길을 끌었다. 이와 함께 통룬 시술릿 라오스 총리 내외는 부산 해동용궁사에서 시간을 보냈고, 나라펀 짠오차 태국 총리 부인은 부산외국어대학교를 찾아 태국어 전공 학생들을 만났다. 각양각색의 행보를 띤 아세안 리더들 중에서도 가장 화제를 몰고 온 인물은 정상회의 기간 한국과 포괄적경제동반자협정을 최종 타결한 인도네시아의 조코위 대통령이었을 것 같다.

조코위 대통령은 11월 24일 부산 사하구에 위치한 감천문화마을에 모습을 드러냈다. 연간 250여만 명의 내외국인 관광객들의 발길이 이어지는 감천문화마을은 1950년대 한국전쟁 피난민 등이 정착하며 형성된 낙후된 빈민가였다. 하지만 2010년대 들어 "보존과 재생" 개념의 도시재생사업이 성공적으로 진행되면서 부산을 대표하는 관광지로 탈바꿈했다는 평가를 받고 있다. 조코위 대통령은 부인의 손을 잡고 산자락을 따라 늘어선 계단식 집단 주거 형태와 골목길 경관으로 유명세를 탄 마을 이곳저곳을 둘러봤다. 그리고 생활과 예술이 공존하는 현장에서 커피 한잔의 여유를 즐기는 사진, 마주친 인도네시아 여행객들과 찍은 사진 등을 자신의 SNS에 올리기도 했다. 이날 인도네시아 언론의 기사에는 "블루수칸Blusukan(즉흥적 현장 방문)"이라는 단어가 등장했다. 삶의 현장에서 직접 서민들과 소통하는 조코위 대통령 특유의 리더십 연장선상에서 감천문화마을행이 조명된 것이다. 실제 조코위 대통령도 "부산의 '마추픽추'가 인

부산 감천문화마을을 깜짝(?) 방문한 조코위 인도네시아 대통령 내외(주한 인도네시아 대사관 제공)

도네시아 창조경제 활성화를 위한 영감을 줄 것"이라고 소감을 밝혔다. 조코위 대통령의 깜짝(?) 방문이 아무쪼록 인도네시아의 앞날에 긍정의 메시지를 전달하기를 희망해본다.

부산 감천문화마을을 깜짝(?) 방문한 조코위 인도네시아 대통령 내외(주한 인도네시아 대사관 제공)

기대감 커지는
2020년 한국-인도네시아 관계

2019년 12월 18일 저녁 서울 여의도에 위치한 주한 인도네시아 대사관저에서는 의미 있는 송년 모임이 개최됐다. 한국 측, 인도네시아 측 참석자 50여 명이 자리를 메운 가운데 진행된 "2019 Year-end Gathering"은 시종일관 화기애애함이 묻어났다. 흥이 많고 춤과 노래를 즐기는 국민성을 증명이라도 하듯, 인도네시아인 대사관 직원들로 구성된 밴드는 즉석 연주를 펼치며 박수갈채를 받았다. 딱딱함보다는 여유로움이 느껴지는 분위기 속에 참석자들의 다양한 면면 또한 시선을 사로잡았다. 우마르 하디 대사를 포함한 기혼 인도네시아 대사관 직원들은 예외 없이 배우자를 동반했다. 한국 측에서는 대사관의 주요 소통 채널인 외교부 아세안국은 물론 대통령 경호처, 국가정보원 등에서도 참가해 눈길을 끌었다. 이날 모임이 2019년 인도

서울 여의도에 위치한 주한 인도네시아 대사관 외부

네시아 대사관이 가장 정성을 쏟았던 두 가지 이벤트를 기념하기 위해 마련됐기 때문이다.

첫번째 행사는 10월 중순 인도네시아의 수도 자카르타에서 개최된 "제1차 한-인도네시아 영 리더스 다이얼로그Young Leaders' Dialogue"였다. 영 리더스 다이얼로그는 2018년 9월 조코위 인도네시아 대통령의 방한을 계기로 양국 젊은 세대 간 교류를 강화하고 네트워크를 확충하기 위해 출범됐다. 한국과 인도네시아의 차세대 리더 26명이 새로운 협력 방안을 모색했던 이틀을 함께했던 필자로서 인도네시아 대사관 직원들이 빠듯한 일정을 챙기느라 바쁘게 뛰어다녔던 기억이 있다. 두번째 이벤트는 11월 하순 부산에서 열린 "2019 한-아세안 특별정상회의"였다. 인도네시아를 포함한 아세안 10개 회원국 정상들이 한곳에 모였던 대규모 국제회의였다. 자국 대통령이 직접 한국을 찾는 만큼 인도네시아 대사관으로서는 준비에 만전을 기할 수밖에 없었다. 영 리더스 다이얼로그가 첫 행사로서 부담감이 컸다면, 11개국 수반이 모습을 드러낸 특별정상회의는 그 무게감이 남달랐던 것이다. 그래서일까. 우마르 하디 대사는 인도네시아 대사관 직원들과 그들의 배우자를 일일이 거론하면서 고마움을 표시했다. 중요 업무 파트너였던 한국 외교부와 대통령 경호처, 국정원 담당자들을 초대한 것도 비슷한 맥락에서다. 외교부 관계자는 "특별정상회의가 끝난 후 아세안국 실무자들을 초청한 주한 외국 대사관은 인도네시아가 유일하다"고 귀띔했다.

송년 모임에서 인사말을 하는 우마르 하디 주한 인도네시아 대사

신남방정책의 핵심 국가인 인도네시아는 아세안 회원국들 중 유일하게 한국과 특별 전략적 동반자 관계를 맺고 있다. 2019년 두 나라의 관계가 한 단계 발돋움했다는 관측에 별다른 이견은 없는 듯하다. 특별정상회의 기간 한국과 인도네시아가 포괄적경제동반자협정을 최종 타결하고, 양국 정상이 서로를 "소중한 친구"와 "존경하는 형님"으로 부르며 각별한 애정을 과시한 사실이 이를 보여준다. 실제 현대자동차와 포스코, 롯데케미칼 등 한국 대기업들이 앞다퉈 대규모 인도네시아 투자 계획을 밝혔고, 한국행 비행기에 오르는 인도네시아인들 역시 빠르게 증가하고 있다. 나란히 독립 75주년을 맞는 2020년 두 나라의 관계에 대한 기대감이 더욱 커질 수밖에 없는 이유이다.

코로나19 사태로 빨간불 켜진 인도네시아 경제

2020년 하반기의 문을 연 인도네시아 사회에는 여전히 어수선함이 가득하다. 전 세계를 강타한 코로나19 사태가 계속해 위력을 떨치면서 국가적 분위기를 끌어올릴 수 있는 돌파구를 마련하는 데 어려움을 겪고 있다. 특히 베트남, 태국 등 코로나19 확산세가 상당 부분 진정 국면에 접어든 아세안 이웃 나라들과는 달리 인도네시아에는 확진자 및 사망자 수가 지속적으로 증가하며 우려감이 커지고 있다. 3월 2일 첫 확진자 발생 이후 4개월여 만에 아세안에서는 유일하게 확진자 숫자가 7만 명을 넘어섰을 정도이다.

언론보도 등에 따르면, 7월 10일 기준 인도네시아에는 총 7만 2,347명의 확진자와 3,469명의 사망자가 보고됐다. 확진자의 약 40퍼센트가 집계된 자바섬 동부와 자카르타주를 중심으로 인도네시아 전역의 34개 주 모두에서 감염 사례가 나타났다. 무엇보다도 신규 확진자 숫자와 사망자 숫자를 설명하는 그래프가 우상향 곡선을 이어간다는 점이 심각성을 키우고 있다. 실제 확진자 수는 7월 9일 2,657명, 사망자 수는 7월 5일 82명으로 각각 일일 최고치를 기록했다. 인도, 미얀마 등 출신의 이주 노동자 기숙사에서 대규모 십난 감염이 현실화되면서 6월 중순경까지 역내 부동의(?) 1위를 달렸던 싱가포르의 확진자 수가 현재 5만 명에 못 미친다는 사실과 사뭇 대조적이다.

이렇듯 코로나19 사태가 잠잠해질 기미를 보이지 않으면서 인도네시아 경제 역시 큰 타격을 입고 있다. 사무실과 공장, 상점 등이 정상적으로 비즈니스를 영위하지 못하는 상황이 장기화되면서 경기 침체가 깊어졌고, 이는 대규모 실업과 취약 계층 양산을 불러왔다. 인도네시아 정부도 이미 "올해 국민 300만~520만 명이 일자리를 잃고 180만~480만 명이 빈곤층으로 전락하게 될 것"이라는 우울한 전망을 내놓았다. 실제 관광업이 GDP의 80퍼센트가량을 차지하는 것으로 알려진 세계적 휴양지 발리는 경제활동이 사실상 멈춘 상태이다. 여기에 아세안을 상징하는 데카콘으로 발돋움한 모빌리티 스타트업 고젝도 최근 430명 규모의 구조조정 소식을 전하며 충격을 더했다. 일사분기 경제성장률이 2001년 이후 최저인 2.97퍼센트로 떨어진 가운데, 아시아개발은행은 인도네시아의 올해 경제성장률 예측치를 1998년 외환위기 이래 가장 낮은 1퍼센트까지 하향 조정했다.

상업용 고층 빌딩들이 몰려 있는 자카르타 중심부 전경

인도네시아 사회 전반이 코로나19 대유행의 직격탄을 맞고 신음하면서 주요 국책 사업에도 차질이 불가피해졌다. 경기 부양책, 보건 의료 부문 등에 코로나19 대응 예산이 집중 투입되면서 우선순위가 밀릴 수밖에 없기 때문이다. 즉 중장기적 관점의 중요성에도 불구하고 발등의 불을 끄기도 버거운 현실이 발목을 잡고 있는 것이다. 지난해 재선에 성공한 조코위 대통령이 야심 차게 추진해온 칼리만탄섬 동부에 신행정수도를 건설하는 프로젝트가 대표적으로 차질을 빚고 있다. 일각에서는 경제 회복 속도가 더뎌진다면 당분간 수도 이전에 필요한 충분한 실탄을 확보하기 어려울 것이라는 관측도 고개를 들고 있다.

경제에 들어온 빨간불이 경고음을 내면서 인도네시아 정부는 수도 자카르타 등의 감염 핵심 지역에서 두 달 이상 시행해온 대규모 사회적 제약 조치를 단계적으로 완화하고 있다. 이와 함께 조코위 대통령이 직접 나서 탈중국을 꾀하는 글로벌 기업들을 유치하는 데도 안간힘을 쓰고 있다. 인도네시아 국민 열 명 중 아홉 명이 올해 경기 상황이 지난해보다 악화될 것이라고 응답한 여론조사 결과가 짐작케 하는 비상시국을 돌파하고 경제 전반에 활력을 불어넣으려는 계산이 깔려 있음은 물론이다. 얼마 전 코로나19에 대응하는 장관들의 안일한 자세를 공개적으로 지적해 화제가 된 조코위 대통령의 리더십 속에 인도네시아 사회가 전례 없는 위기를 한 걸음씩 극복해나가길 기대해본다.

최근 웨비나 형식으로 진행된 "한-인도네시아 CEO 가상 비즈니스 다이얼로그"

코로나19 사태가 변화시킨
인도네시아 사회

2020년 4월 하순 인도네시아 반둥에 본사를 둔 현지 기업과 업무 미팅을 가졌다. 코로나19 사태 여파로 주춤해진 프로젝트 진행 상황을 재점검하고 향후 협력 방안을 논의하기 위해서였다. 미팅 시간에 맞춰 국내 파트너사의 사무실을 방문해 함께 화상회의 플랫폼에 접속했다. 참석자 네 명 모두가 한 화면에 담긴 한국 측과는 달리 반대편에서는 네 개의 개별 화면이 모니터에 등장했다. 바로 인도네시아 측 참석자들이 회사가 아닌 각자의 집에서 별도로 시스템에 들어온 것. 수도 자카르타에서 130킬로미터가량 떨어진 인도네시아 제3의 도시를 대표하는 기업 중 하나가 전사적으로 재택근무를 시행할 만큼 확산된 코로나19 감염 공포를 실감한 순간이었다.

3월 2일 첫 확진자가 발생한 인도네시아의 코로나19 확산세가 좀처럼 수그러들지 않고 있다. 언론보도 등에 따르면, 5월 10일 기준 인도네시아에는 총 1만 4,032명의 확진자와 973명의 사망자가 보고 됐다. 확진자의 대략 40퍼센트가 집중된 자카르타를 중심으로 매일 같이 수백여 명 규모의 신규 확진자가 꾸준히 집계되고 있다. 특히 진단 장비 및 의료 인력 부족 등으로 검사를 받지 못하고 사망한 환 자를 포함하면 2,200명 이상이 코로나19 관련 증상으로 숨졌다는 외신 뉴스도 들려온다. 여기에 4월 23일부터 집합 모임 및 예배가 수반되는 라마단 금식 기간이 시작됐고, 5월 하순에는 대규모 귀성 행렬이 꼬리를 무는 르바란 연휴가 찾아온다는 점에서 더욱 우려를 키우고 있다.

이렇듯 5월 들어 확진자 수가 1만 7,000명을 돌파한 싱가포르와 더불어 인도네시아는 아세안 10개 회원국들 중에서 코로나19 사태 의 가장 큰 타격을 입은 것으로 평가된다. 실제 관광객들의 발길이 뚝 끊기면서 사시사철 붐비는 세계적 휴양지 발리가 사실상 개점휴 업 상태일 정도이다. 그리고 이는 불과 몇 달 전까지만 해도 짐작하 기 어려웠던 방향으로 인도네시아 사회를 변모시키고 있다.

몇몇 필수 업종을 제외한 대다수 사업장들이 주정부의 명령에 따 라 재택근무를 실시하고 있는 점을 예로 들 수 있다. 기존에는 교통 체증이나 폭우 등으로 인해 출근길이 막혀 반강제적으로(?) 집에서 업무를 처리해야 했다면, 최근에는 바뀐 기업 환경이 새로운 근무 형태 도입을 촉발했다. 이는 대학 또한 예외일 수 없다. 한국 캠퍼스

자카르타 중심부의 쇼핑몰 내 드럭스토어에 진열된 히잡용 마스크

들과 마찬가지로 화상 강의를 준비하는 데 여념 없는 모습이 주요 대학들을 중심으로 관찰되고 있다. 반둥 인근의 명문대에서 교편을 잡고 있는 필자의 지인은 "3월 하순부터는 교실이 아닌 화상을 통해 학생들과 만나왔다"며 달라진 분위기를 전했다. 구글의 "코로나 19 커뮤니티 이동성 보고서COVID-19 Community Mobility Reports"에 따르면, 일상생활 속 사회적 거리두기가 실천되면서 4월 17일 기준 직장을 찾은 인도네시아인들이 3월 6일과 비교해 무려 35퍼센트 감소한 것으로 조사됐다.

2010년대 중반 이후 성장 가도를 달리며 인도네시아 경제의 새로운 성장 동력으로 주가를 높여온 스타트업계도 변화에 직면하기는 마찬가지이다. 아세안에서 가장 많은 다섯 개의 유니콘을 탄생시키며 디지털 사회로의 전환에 앞장서 왔지만, 코로나19 사태의 충격을 피해 가지는 못했기 때문이다. 온라인 여행 분야의 유니콘인 트래블로카Traveloka가 상징적 사례로 꼽힌다. 국내외 여행 수요가 줄면서 직격탄을 맞은 트래블로카는 직원의 약 10퍼센트를 구조조정한 것으로 알려졌다. 앱 기반 차량 호출 서비스 시장의 절대 강자인 데카콘 고젝 역시 정부의 승객 탑승 금지 방침 등에 심각한 영향을 받으면서 기사들 대부분이 수입이 급감하는 등 생존 위기에 내몰린 실정이다. 당분간 외부 투자를 기대하기도 힘든 상황에서 스타트업계 전반이 신사업을 중단하고 비용 절감에 안간힘을 쓰는 버티기 모드에 들어간 형국이다. 확진자 증가세가 6월부터는 감소할 것이라는 전망이 조심스럽게 제기되는 가운데, 코로나19 사태가 인도네시아 사회를 어떻게 더 변화시켜나갈지 지켜볼 일이다.

인도네시아로 배송될 한국산 코로나19 진단 키트가 인천공항 출국장에 쌓여 있는 모습(주한 인도네시아 대사관 제공)

이야기 속 이야기:
인도네시아 족자카르타 길거리 음식 4선

아세안의 핵심 회원국인 인도네시아를 묘사하는 특징으로 흔히 다문화가 거론된다. 바로 인도네시아가 1만 7,000여 개 섬으로 이뤄진 1개 나라에서 300여 개 인종이 700여 개 언어를 사용하는 다인종, 다언어 국가이기 때문이다. 인도네시아의 다양성을 고스란히 간직한 지역으로 자바섬 중부의 족자카르타가 가장 먼저 언급된다. 족자카르타는 1991년 나란히 유네스코 세계문화유산으로 지정된 세계 최대 불교 사원인 보로부두르 사원, 세계 최고 힌두교 사원인 프람바난 사원을 동시에 보유한 역사와 문화의 고장이다. 한국의 경주와 닮은꼴의 족자카르타의 매력은 풍부한 문화유산에만 국한되지 않는다. 자바의 정신을 상징하는 족자카르타의 전통 음식 역시 간과할 수 없는 매력으로 다가온다. 오랫동안 현지인들의 사랑을 받아온 것

은 물론 이방인들의 발걸음 또한 유혹하는 족자카르타의 대표적 길
거리 음식 네 가지를 소개한다.

족자카르타인의 소울 푸드, 구득

구득Gudeg은 지역색이 강하기로 유명한 족자카르타의 향토 음식 가
운데에서도 단연 1순위로 대접받는 요리이다. 전통문화를 향한 자
부심에 관한 한 인도네시아 내에서 둘째가라면 서러워하는 족자카
르타를 상징하는 음식이라고 해도 과언이 아니다. 심지어 유서 깊은
헤리티지 호텔의 레스토랑에서도 별도의 구득 요리 코너가 투숙객
들을 맞이할 정도다. 구득은 족자카르타 인근에서 손쉽게 구할 수
있는 열대 과일인 잭프루트를 기본으로 한다. 여기에 각종 허브와
향신료를 넣고 달걀 등을 곁들인다. 이후 튀긴 닭고기나 쇠고기 등
을 기호에 맞춰 추가한 뒤 흰쌀밥과 함께 손으로 먹는 것이 일반적
이다. 장조림이 연상되는 졸인 잭프루트 특유의 단맛 때문에 외국인
관광객들의 호불호가 엇갈리는 편이다. 대를 이어 요리법이 전해 내
려오는 시장통의 구득 식당에서는 대략 1만 5,000루피아~2만 루피
아(1,200원~1,600원)면 한 끼를 해결할 수 있다.

달콤한 길거리 간식, 자잔 파사르

자잔 파사르Jajan Pasar는 대개 시장에서 파는 달콤한 간식거리를 통
칭한다. 코코넛 설탕인 종려당과 카사바, 찹쌀 등이 자잔 파사르의

족자카르타 시내의 재래시장에서 판매되는 구득

넷플릭스에 소개된 음바 사티늠이 만드는 자잔 파사르

주재료이다. 인도네시아에서 가장 오래된 길거리 음식으로 기원은 8세기까지 거슬러 올라간다고 알려진다. 특히 자바의 전통 요리법에 충실한 자잔 파사르는 자연의 색을 띠는 것으로도 이름이 높다. 미국의 온라인 동영상 스트리밍 서비스 넷플릭스의 다큐멘터리《길 위의 셰프들》의 인도네시아 편에 소개된 이후 더욱 주가를 높이고 있다. 다큐멘터리에서 족자카르타 길거리 음식의 대가로 등장했던 음바 사티늠의 자잔 파사르가 대표적이다. 50년 넘게 한자리를 지켜왔다는 그녀의 자잔 파사르는 1만 루피아(800원)의 저렴한 가격이 믿기지 않을 만큼 질적, 양적 만족감을 제공한다는 호평이 끊이지 않는다. 실제 어머니의 정성이 담긴 그녀의 자잔 파사르를 맛보려는 행렬은 이른 새벽부터 줄을 잇는다.

숯과 커피의 만남, 조스 커피

인도네시아의 현재와 과거를 연결하는 통로에 비유되는 족자카르타의 길거리 음식으로 숯 커피를 빼놓을 수 없다. 달궈진 숯을 뜨거운 커피에 담가 마시는 고유의 전통이 1950년대부터 변함없이 유지되고 있기 때문이다. 해 질 무렵부터 늦은 밤까지 족자카르타 기차역 주변에는 이색 풍경이 펼쳐진다. 한껏 달궈진 숯을 커피에 담글 때 나는 소리에서 유래했다는 조스 커피Kopi Joss 상호의 가게들마다 인산인해를 이룬다. 특히 금요일과 토요일 저녁에는 테이블과 의자도 제대로 갖춰지지 않은 길거리 식당에 빈자리를 구경하기 어려울 만

족자카르타의 명물 조스 커피에 숯을 담그는 모습

경주의 황남빵과 닮은꼴의 족자카르타의 박피아

큼 숯 커피를 마시려는 현지인들로 북적인다. 호기심에 처음 접해본 4,000루피아(320원) 가격의 숯 커피에서는 흙 맛에 더해 약한 캐러 멜향도 느껴졌다. 족자카르타의 명문대학인 가자마다 대학 연구진에 따르면, 카페인을 일부 흡수하는 숯 덕분에 조스 커피가 보통의 커 피보다 건강에 덜 해롭다고도 전한다.

족자카르타의 황남빵, 박피아

경주와 족자카르타는 세계적인 역사 도시라는 사실 외에 길거리 음 식에서도 공통점을 발견할 수 있다. 경주의 명물인 황남빵처럼 족자 카르타에도 박피아Bakpia라는 특산품이 존재하는 덕분이다. 박피아 는 팥, 치즈, 초콜릿 등 앙금을 얇은 밀가루 반죽으로 감싸 만든 족 자카르타의 별미이다. 대부분 경주 여행객들이 황남빵을 구입하는 데 지갑을 여는 것처럼, 인도네시아인들도 족자카르타 방문 기념 선 물로 박피아를 우선 떠올린다. 박피아는 1900년을 전후해 중국 푸젠 성 출신의 이민자들이 인도네시아에 최초로 들여온 것으로 알려진 다. 박피아를 전문적으로 판매하는 상점들이 몰려 있는 거리가 형성 될 정도로 인도네시아 내에서도 족자카르타가 박피아의 고향으로 명 성을 떨쳐왔다. 박피아 열다섯 개가 들어 있는 한 상자 가격은 3만 루피아~4만 5,000루피아(2,400원~3,600원)로 남녀노소 모두에게 인기 만점이다. 앙금의 종류에 따라 상온에서 5~10일가량 보관할 수 있다.

4

아세안 디지털 경제와
스타트업

스타트업 열풍 뜨거운
동남아시아

#1. 5년여 전 인도네시아에 진출한 국내 스타트업 CEO A씨는 2018년 무렵 서울을 자주 방문했다. 합작법인 설립 의사를 내비친 중견그룹 금융계열사와 밤샘 미팅을 진행하는 등 출장 기간 내내 빡빡한 업무 스케줄을 소화했다. A씨는 "동남아시아에서 새로운 비즈니스 기회를 찾는 한국 기업들이 급증하고 있음을 피부로 느낀다"고 귀띔했다.

#2. 핀테크[4] 스타트업 창업자 B씨는 2018년 3월을 베트남에서 보냈다. 베트남의 경제수도 호치민시에서 발품을 팔면서 창업 환경을 둘

---

4) 핀테크Fintech는 금융Finance과 기술Technology의 합성어로 일반적으로 금융과 기술의 융합에서 촉발된 금융 서비스 및 관련 산업의 변화를 의미한다.

러보고 현지 진출 계획을 수립했다. B씨는 "경제 발전에 힘입어 스마트폰 보급이 확산되고 금융 서비스 이용 인구가 증가하는 베트남 핀테크 시장에 뛰어들려는 한국 스타트업들이 늘어나는 추세"라고 강조했다.

2010년대 후반 동남아의 "핫" 이슈 중 하나로 스타트업 열풍을 꼽을 수 있다. 일부 IT업계 종사자나 벤처캐피털 등을 제외하면 국내에는 다분히 낯선 뉴스일지 모른다. 하지만 2018년 상반기 공유경제의 상징으로 불리는 우버의 동남아 사업 부문을 인수하며 화제가 된 싱가포르의 그랩 등 선두 주자들에는 기존 산업의 지형도를 바꾼다는 호평이 쏟아질 정도로 스타트업 시장은 급성장 중이다. 그리고 뜨거운 스타트업 붐은 동남아의 디지털 경제로 패러다임 전환을 이끌고 있다.

싱가포르의 테크 전문매체 테크인아시아에 따르면, 동남아 스타트업들은 2017년에 이미 79억 달러(약 9조 7,000억 원) 규모 투자를 유치한 것으로 집계됐다. 이는 2016년 투자 금액 25억 달러(약 3조 1,000억 원) 대비 무려 3배 이상 늘어난 수치다. 2013년 스타트업 투자 규모가 채 10억 달러(약 1조 2,300억 원)에도 못 미쳤던 점을 감안하면 괄목할 만한 성장세가 아닐 수 없다. 이를 증명이라도 하듯, 싱가포르의 전자상거래 플랫폼 라자다Lazada, 인도네시아의 앱 기반 차량 호출 서비스 고젝 등 유니콘들도 하나둘씩 등장하고 있다.

인도네시아 자카르타 시내의 핀테크 스타트업 사무실

초기 해외 유학파를 중심으로 닻을 올린 동남아 스타트업 창업은 젊은 세대 전반으로 저변을 넓히고 있다. 이에 따라 양식업 생산성 향상, 친환경 쇼핑백 제작 등 1차 산업 비중이 큰 동남아 특수성에 모바일 기술을 접목하는 방향으로 비즈니스 모델도 다양해지고 있다. 여기에 일마 전부터는 현지의 전통적 가족기업들도 벤처캐피털을 설립하고 스타트업 투자에 팔을 걷어붙이고 있다. 자금력이 뒷받침되면서 베트남의 기업형 코워킹 스페이스가 공격적으로 이웃 국가 진출을 선언하는 등 스타트업들의 활동 무대 또한 확대되고 있다. 한국 벤처캐피털업계 역시 뒤늦게나마 동남아 스타트업 전쟁에 뛰어들기는 마찬가지다. 각각 동남아 해양부와 대륙부를 대표하는 인도네시아, 베트남을 중심으로 대박(?) 투자처 발굴에 공을 들이는 유력 벤처캐피털의 소식이 들려온다.

이렇듯 동남아 스타트업 시장이 각광을 받는 것은 무엇보다도 매력적인 성장 잠재력 덕분이다. 현재 필리핀, 베트남 등 동남아 주요 국가들의 인터넷 사용 인구는 전 세계에서 가장 빠른 속도로 증가하고 있다. 《월스트리트저널》에 따르면, 동남아 지역에서는 매일 12만 명이 넘는 새로운 온라인 이용자들이 탄생하는 것으로 알려졌다. 이러한 흐름이 지속된다면 2020년에는 유럽연합 인구에 버금가는 4억 8,000여만 명이 인터넷의 세계에 빠져들 것이라는 전망마저 나오고 있다. 중산층이 부상하는 가운데, 역내 인구의 절반 이상을 차지하는 30세 이하 젊은 층이 디지털 경제에 새롭게 편입된다는 희소식에

베트남 호치민시에 위치한 코워킹 스페이스

글로벌 투자업계는 귀를 쫑긋 세울 수밖에 없다.

물론 동남아 스타트업 열기에는 해결해야 할 과제들도 쌓여 있다. 대도시를 벗어나면 여전히 열악한 IT 인프라와 고급 개발 인력 부족, 높은 금융 문맹률 등은 동남아 대부분 국가들의 해묵은 숙제이다. 싱가포르 등을 빼면 자금 조달을 위한 자본시장이 성숙하지 못하고 스타트업 관련 법적, 제도적 체계가 정비되지 못한 점도 아쉽다.

하지만 실보다 득이 클 것이라는 확신이 없었다면 모험 자본의 대명사인 벤처캐피털업체들의 동남아 러시는 불가능했을 것이다. 동남아로 눈길을 돌리기 시작한 한국 스타트업들과 벤처캐피털업계가 더욱 팔을 걷어붙여야 하는 이유도 바로 여기에 있다. "중국 본토 스타트업들의 성공 신화에서 큰 자극을 받는다"는 현지 창업가들의 고백을 언제까지나 부러워할 수만은 없다. 핀테크, 교육, 바이오 등 유망 분야에서 한국 스타트업들의 활약상을 기대해본다.

공유경제 열기 지속되는
동남아시아

#1. 매달 인도네시아의 수도 자카르타 출장길에 오르는 일본인 C씨는 현지 공유경제 서비스의 예찬론자다. C씨는 출장에 앞서 에어비앤비Airbnb를 통해 거래처가 몰려 있는 지역에 합리적 가격으로 숙소를 예약한다. 자카르타에 도착한 뒤에는 스마트폰으로 고젝 등 앱 기반 차량 호출 서비스를 활용해 잦은 업무 미팅에 수반되는 비용 부담도 줄인다. C씨는 "일본보다 앞서 있는 듯한 인도네시아의 공유경제 비즈니스 발전 속도에 놀라울 따름"이라고 목소리를 높였다.

#2. 2018년 9월 가족과 함께 한국을 방문한 말레이시아인 D씨는 고개를 갸웃했다. 추석 연휴를 전후로 일주일가량 서울과 제주도 등지를 여행하면서 택시 공유 서비스를 구경할 수 없었던 까닭이다. 그

랩 등 공유경제를 상징하는 차량 호출 서비스가 보편화된 말레이시아와는 대조적인 교통 환경이 낯설게 다가왔다. D씨는 "나라마다 대중교통 시스템에 차이가 있겠지만, IT 강국으로 이름 높은 한국에 택시 공유 비즈니스가 도입되지 않은 점은 의외였다"고 귀띔했다.

일반적으로 물품을 나눠 쓰는 협업 소비에 기반한 경제활동을 의미하는 "공유경제Sharing Economy". 공유경제는 2008년 전 세계를 강타했던 미국발 금융위기 이후 소유에 초점을 맞춘 전통적 경제 질서를 바꿀 수 있는 혁신적 아이디어로 각광받으며 영향력을 키워왔다. 기존 사업자들과의 이해관계 충돌 및 현행법규 위반 논란 등에도 불구하고 차량, 숙박, 사무실 공유 서비스 등을 앞세워 생활 속으로 빠르게 파고들고 있다. 동남아는 전 세계에서 공유경제 열풍이 가장 거센 지역 중 하나로 꼽힌다.

동남아 공유경제의 선두 주자로는 단연 싱가포르에 본사를 둔 그랩을 들 수 있다. 2012년 말레이시아에서 택시 예약 서비스를 처음 선보인 그랩은 동남아의 만성적 교통체증을 해결해줄 대안으로 주목받으며 폭발적인 성장 가도를 달려왔다. 제19회 세계지식포럼에 참석하기 위해 2018년 10월 방한했던 밍마 그랩 사장은 "베트남, 필리핀, 미얀마 등 동남아 8개 국가 235개 도시에서 차량 공유 서비스를 운영하며 10억 달러(약 1조 2,300억 원)의 연매출을 올리고 있다"고 밝혔다. 이미 유니콘으로 발돋움한 그랩과 손을 잡으려는 소프트

제19회 세계지식포럼에 연사로 참석한 차량 공유 서비스 그랩의 밍마 사장

뱅크, 도요타, 마이크로소프트 등 글로벌 기업들의 러브콜도 갈수록 치열해지고 있다. 이와 함께 각각 차량 공유 및 사무실 공유 서비스를 제공하는 스타트업인 인도네시아의 고젝과 코하이브CoHive 등도 공유경제 붐을 확산시키는 데 일조한다는 평가를 받고 있다.

뜨거운 공유경제 열기는 동남아 디지털 경제의 팽창과 궤를 같이 한다는 분석에 힘이 실린다. 지난 몇 년간 동남아 대부분 국가에서는 경제성장에 힘입어 인터넷 사용 인구가 증가하고 스마트폰 보급이 확대되는 등 디지털 인프라가 눈에 띄게 개선돼왔다. 향상된 하드웨어 토대 위에 젊은 해외 유학파들을 중심으로 공유경제 개념이 도입됨으로써 비즈니스 모델로 발전하게 됐다는 설명이다. 여기에는 전 세계 평균을 웃도는 동남아 사회의 공유경제에 대한 긍정적 인식도 빼놓을 수 없다고 전문가들은 덧붙인다.

공유경제의 물결 속에 동남아에는 불과 얼마 전까지만 해도 찾아볼 수 없었던 새로운 디지털 경제 모델들이 지속적으로 등장할 전망이다. 즉 IT와 협업 정신의 만남을 구현해 일상의 점진적 개선을 꾀하는 시도들이 끊임없이 이뤄질 가능성이 높다. 이는 자본력과 현지 네트워크 및 비즈니스 경험 등에서 앞서 나가는 일본, 중국 등과 힘겨운 싸움을 벌이고 있는 한국에도 반가운 뉴스가 될 수 있다. 한국이 이미 체험했거나, 비교 우위를 가진 디지털 기술을 내세워 시장의 문을 두드려볼 수 있기 때문이다. 동남아 진출의 새로운 패러다임인 공유경제가 몰고 올 변화에 주목해야 할 이유이다.

인도네시아 자카르타 시내에서 오토바이 공유 서비스를 이용하는 승객들

동남아 디지털 사회 전환 이끄는
인도네시아

인도네시아는 인도와 나란히 신남방정책의 양대 축을 형성하는 아세안을 대표하는 국가 중 하나이다. 싱가포르, 말레이시아, 필리핀, 브루나이와 함께 동남아시아 해양부를 구성하는 인도네시아는 1만 7,000개가 넘는 전 세계에서 가장 많은 섬을 보유한 도서국가이다. 동남아 전체 인구의 40퍼센트가량인 2억 6,000만 명이 거주하는 세계 4위 인구 대국으로서 GDP 기준 경제 규모 역시 동남아의 35~40퍼센트를 차지한다. 인도네시아는 최근 이웃한 싱가포르와 더불어 동남아의 디지털 사회로의 전환을 앞장서 견인하고 있다.

인도네시아에서 디지털 경제 바람이 본격화된 것은 2015년 하반기에서 2016년 상반기쯤으로 관측된다. 인터넷 사용 인구가 증가하고 스마트폰 보급이 확대되며 손안에 디지털 세상이 펼쳐지면서 디지털 경제 확산에 속도가 붙기 시작한 것. 개인적으로도 이 무렵을 기점으로 수도 자카르타의 대형 쇼핑몰 내부 및 중심가 대로변 등에 유력 스타트업들의 광고판이 하나둘씩 등장했던 기억이 뚜렷하다. 초기 전자상거래와 커뮤니티 사이트, 앱 기반 차량 호출 서비스 등을 중심으로 기지개를 켠 디지털 경제는 이후 공유 오피스와 핀테크, 교육산업 등이 바통을 넘겨받아 이끌어왔다.

전문가들은 인도네시아 디지털 경제가 현지의 특수성과 연관돼 발전해왔다고 분석한다. 우선 남한의 20배에 달하는 국토 면적을 꼽을 수 있다. 무인도만 1만 개가 넘는 것으로 추정되는 광활한 섬나라의 특성상, 굳이 예산 문제를 들먹이지 않더라도 아날로그식 유선 네트워크 구축에는 한계가 있을 수밖에 없다. 이는 인도네시아 경제 구조 변화와도 일맥상통하는 부분이다. 2010년대 들어서 인도네시아 경제는 3차 산업인 서비스업이 차지하는 비중이 급속히 커지고 있다. 저임금 노동력에 의존하던 경공업으로 상징되는 2차 산업은 물론 1차 산업인 농림수산업이 담당하는 비중 또한 예전 같지 않다. 실제 세계은행에 따르면, 3차 산업은 2017년 기준 인도네시아 경제의 46퍼센트를 책임졌다. 반면 같은 기간 2차 산업과 1차 산업의 비중은 각각 40퍼센트, 14퍼센트 수준에 머물렀다. 2010년과 비교하면, 1차 산업(15%)의 비중이 다소 감소한 가운데 2차 산업(47%)의 하락세와 3차 산업(37%)의 성장세가 대조를 이룬다. 즉 유통업과 금융업, 통신업 등 3차 산업이 팽창하면서 이를 기반으로 하는 디지털 경제 발전에도 탄력이 붙고 있다는 설명이다.

여기에 디지털 경제를 바라보는 인도네시아 국민들의 개방적인 자세도 빼놓기 어렵다. 디지털 경제의 핵심 모델 중 하나인 공유경제 비즈니스에 대한 인식 조사 결과가 이를 잘 드러낸다. 글로벌 여론조사 기업 닐슨에 따르면, 인도네시아 국민들은 전 세계 평균 66퍼센트를 훌쩍 뛰어넘는 87퍼센트의 높은 공유경제 수용 의사를 내비쳤다. 불과 몇 년 전까지만 해도 존재하지 않았던 디지털 경제 모델이 지속적으로 등장해 일상의 변화를 꾀하는 데는, 새로움을 받아들이는 데 주저하지 않는 인도네시아 국민들의 열린 의식도 중요한 역할을 수행하고 있는 것이다.

이를 보여주듯 고젝, 토코피디아Tokopedia 등 동남아를 대표하는 유니콘들이 탄생하면서 인도네시아 디지털 경제는 매년 덩치를 키워가고 있다. 구글과 테마섹이 2018년 말 공동으로 발표한 연구 보고서에 따르면, 인도네시아 디지털 경제의 시장가치는 2018년에 이미 270억 달러(약 33조 1,200억 원)를 기록한 것으로 조사됐다. 이는 아세안 10개 회원국의 디지털 경제 중 최대 규모로, 2025년에는 시장가치가 3배 이상 증가한 1,000억 달러(약 122조 6,700억 원)로까지 성장할 것으로 예상됐다. 보고서는 4개의 핵심 분야인 전자상거래와 온라인 여행, 차량 호출 서비스 및 온라인 미디어가 각각 53퍼센트, 25퍼센트, 14퍼센트, 8퍼센트의 비중으로 디지털 경제 팽창에 기여할 것으로 예측했다. 다국적 컨설팅업체 매킨지가 기술에 친숙한 젊

자카르타 중심가의 공유 오피스에서 개최된 스타트업 투자 설명회

은 세대를 중심으로 2025년까지 370여만 개의 새로운 일자리가 창출될 것이라고 내다본 인도네시아 디지털 경제의 앞날에 비상한 관심이 쏠릴 수밖에 없는 이유이다.

자카르타 남부의 쇼핑몰에서 진행 중인 전자결제 프로모션 이벤트

급성장하는
인도네시아 전자결제 시장

2019년 상반기 인도네시아에는 굵직굵직한 이벤트들이 연일 신문 헤드라인을 장식했다. 우선 3월 말 인도네시아의 첫 도시고속철도인 자카르타 MRT 1단계 구간이 개통됐다. 이와 함께 4월 17일에는 대통령 선거가 국회의원 선거, 지방선거와 함께 치러졌다. 2019년 대선은 2014년에 맞붙었던 대통령 후보들 간 재대결이 성사됐다는 점에서 일찌감치 화제를 몰고 왔다. 이들 대형 이슈만큼 전국이 떠들썩하지는 않지만, 남다른 파급력으로 시선을 사로잡는 생활 속 변화상이 있다. 급성장 중인 인도네시아 전자결제 시장이 바로 그 주인공이다.

전자결제 분야는 P2P 대출[5] 분야와 함께 인도네시아 디지털 경제

---

5) P2P^{Peer to Peer} 대출은 금융기관을 거치지 않고 온라인, 모바일 플랫폼을 통해 개인 간에 자금

의 중요 동력인 핀테크 산업의 양대 축을 형성하고 있다. 실제 200여 개 회원사로 구성된 인도네시아 핀테크협회에 따르면, 2018년 말 기준 핀테크 업체들의 38퍼센트가 전자결제 관련 서비스를 제공하는 것으로 집계됐다. 대출(31%)과 자산 관리(8%), 가격 비교(7%), 인슈어테크[6](6%) 등의 분야에 종사하는 업체들이 뒤를 따랐다. 전자결제 업체들은 대부분 전자지갑 플랫폼을 공급하거나 전자결제 시스템을 개발하는 비즈니스 모델을 채택해왔다. 특히 은행과 보험 등 기존 금융권 업체들에 비해 숫자는 적지만, 주요 스타트업을 포함한 비금융권 업체들의 전자지갑이 일상에서 광범위하게 사용되는 것으로 관찰된다.

2017년 무렵부터 팽창 가도를 달려온 전자결제 시장의 선두 주자는 단연 고페이Go-Pay와 오보OVO이다. 고페이는 인도네시아 스타트업의 대명사로 꼽히는 앱 기반 차량 호출 서비스 고젝이 2016년 4월 선보인 전자지갑 플랫폼이다. 고젝의 핀테크 분야 진출 신호탄으로 받아들여진 고페이는 이후 현지 스타트업들과 잇따른 인수·합병을 통해 시장점유율을 높여왔다. 반면 오보는 인도네시아를 대표하는 화교 재벌 중 한 곳인 리포그룹이 소개한 전자지갑 앱이다. 2016년 12월 처음 출시된 이래 그룹 산하의 백화점, 레스토랑 등은 물론 동

을 지원하고 빌려주는 서비스를 뜻한다.

6) 인슈어테크Insurtech는 보험Insurance과 기술Technology의 합성어로 데이터 분석, 인공지능 등을 활용해 기존 보험산업을 혁신하는 서비스를 지칭한다.

남아시아 최대 차량 호출 서비스 그랩의 비현금 결제 수단으로 탑재되는 등 공격적 행보를 이어왔다. 여기에 인도네시아 1위 통신사 업자 텔콤셀 또한 2019년 3월 4개 국영은행과 제휴해 전자결제 플랫폼의 원조 격인 기존 티캐시T-Cash를 업그레이드한 링크아자LinkAja 앱을 내놓고 경쟁에 합류했다.

그동안 경험한 인도네시아 전자지갑 서비스는 불과 몇 년 전만 해도 기대하기 힘들었던 결제 편리성을 대폭 향상시킨 점이 인상적이었다. 예를 들어, 고페이에 미리 일정 금액을 충전해놓으면 고젝의 차량 호출 서비스 이용 후 현금 결제보다 저렴한 요금이 자동으로 빠져나갔다. 이는 오보도 마찬가지로 심지어 출퇴근 시간이 아닌 경우에는 프로모션을 활용해 1루피아(약 0.08원), 즉 사실상 무료로 그랩을 통해 가까운 거리를 이동할 수 있었다. 고페이가 QR코드를 스캔하는 방식을, 오보가 휴대전화 번호를 인증하는 방식을 도입한 것을 제외하면 사용 실적에 따라 쌓이는 포인트 및 캐시백 혜택을 다시 결제에 활용할 수 있는 기능도 비슷하다. 은행계좌, 신용카드가 없는 현지인들이나 단기 체류하는 외국인들도 편의점 등에서 언제든지 원하는 금액을 충전할 수 있는 점도 특징이다. 두 서비스 간 총성 없는 전쟁이 본격화되고 가맹점 수가 계속 늘어나면서 지갑 속 현금 50만 루피아(약 4만 원)를 일주일 이상 꺼내지 않은 기억도 있다.

폭발적 성장세에도 불구하고, 대도시를 벗어날수록 이용 범위가 제한되고 네트워크 장애로 종종 결제 오류가 발생하는 등 아직까지

자카르타 외곽의 한 카페에서 고페이를 통해 전자결제가 진행되는 모습

자카르타 외곽의 한 레스토랑에서 오보를 통해 전자결제가 진행되는 모습

해결해야 할 과제도 만만치 않다. 하지만 통신 인프라가 개선되고 스마트폰 보급이 확대되면서 모바일 기기에 익숙한 젊은 층을 중심으로 전자결제 서비스 확산에 속도가 붙을 것은 분명해 보인다. 이를 증명하듯, 독일의 시장조사 기관 스태티스타Statista는 2019년 324억 달러(약 39조 7,500억 원)를 형성할 것으로 예상되는 인도네시아 전자결제 시장이 2023년에는 500억 달러(약 61조 3,400억 원)로까지 커질 것이라는 장밋빛 전망을 제기했다. 동남아 최대 규모를 자랑하는 인도네시아 디지털 경제의 핵심 비즈니스인 전자결제 시장 앞날에 주목해야 하는 이유이다.

모바일 기반 신용결제 서비스
확산되는 인도네시아

지구촌 대부분 나라들과 마찬가지로 인도네시아 역시 2020년 상반기 세계적 대유행으로 번진 코로나19로 심각한 몸살을 앓았다. 2월 말까지만 해도 코로나19 "청정 국가"라는 자부심을 내비쳤지만, 3월 2일 첫 확진자가 확인된 이래 감염 사례가 급증했기 때문이다. 언론 보도 등에 따르면, 3월에만 총 1,528명의 확진자와 136명의 사망자가 보고됐을 정도이다. 조코위 대통령이 "사회적 거리두기"를 거듭 당부할 만큼 위기감이 커지면서 과학계에서는 밀집 예배와 대규모 인구 이동이 수반되는 4월 하순 라마단 금식 기간 및 5월 하순 르바란 명절에 앞서 핵심 발병 지역을 봉쇄해야 한다는 주장이 일찌감치 고개를 들기도 했다.

이렇듯 코로나19 확산이 현실화되면서 현지인들 사이에서는 위생

용품과 생필품을 구입하려는 수요가 폭증했다. 가격이 천정부지로 치솟은 마스크를 중심으로 손세정제와 휴지, 일부 식료품 등이 불티나게 팔려나갔다. 사재기에 가까운 현장을 직간접적으로 경험하면서 몇 년 전과는 다른 구매 행태가 유독 시선을 시로잡았나. 바로 온라인 혹은 모바일 채널을 통해 비상 상황에 맞서는 사례가 부쩍 늘어났음을 목격한 것. 수도 자카르타 및 인근 도시에 거주하는 중산층과 20~30대 젊은 세대를 위주로 전자상거래와 배달 애플리케이션 등을 활용해 코로나19 사태에 대비하는 모습을 일상적으로 찾아볼 수 있었다. 여기에는 2010년대 중반 이후 팽창 가도를 달려온 전자결제 플랫폼과 최근 급성장 중인 "선구매 후결제Buy Now Pay Later"기능이 촉매제 역할을 수행하고 있다.

신용카드 사용이 일찌감치 보편화된 국내에는 모바일 기반 신용결제 서비스로 풀이될 수 있는 인도네시아의 선구매 후결제 기능이 크게 주목받지 못할지도 모른다. 하지만 전체 인구의 약 절반이 은행계좌 미보유자로 추정되는 인도네시아의 국민 1인당 신용카드 보급 장수는 2018년 기준 0.07장 수준에 불과하다. 이는 아세안 회원국들 내에서도 중하위권으로 개인 신용평가 시스템 또한 제대로 갖춰지지 않은 형편이다. 이런 상황에서 금융기관의 보증하에 상품 대금을 일정 기간 뒤에 지급할 수 있게 하는 신용 판매 제도 도입은 요원해 보였다. 하지만 이미 은행 이용 인구의 30퍼센트 이상이 전자지갑 플랫폼을 적극 사용할 만큼 전자결제 서비스가 보급되면서 신

전자결제 서비스 혜택을 안내하는 자카르타 시내의 쇼핑몰 매장

용에 바탕을 둔 선구매 후결제 기능이 남다른 인기를 모으고 있다.

인도네시아에는 지난 2016년 핀테크 스타트업 크레디보^{Kredivo}가 처음 선구매 후결제 서비스를 스마트폰에 구현해 선보였다. 이후 IT 동향에는 밝지만, 상대적으로 주머니 사정이 얇고 금융 이력이 부족한 젊은 층을 대상으로 서비스가 관심을 끌기 시작했다. 현재는 주요 핀테크 업체와 전자상거래 업체 대다수가 자사 플랫폼에 관련 서비스를 탑재하고 있다. 전자결제 시장의 양대 축인 오보와 고페이를 비롯해 온라인 쇼핑몰 쇼피^{Shopee}, 온라인 여행 사이트 트래블로카 등이 대표적이다. 이들은 특정 자격을 충족하는 우수 고객들에게 기존 신용카드 거래와 비슷한 방식으로 선구매 후결제 서비스를 제공한다. 신용카드 거래 대비 결제 한도는 제한적이지만, 할부 수수료 부담이 적고 각종 프로모션 혜택이 큰 점 등이 매력으로 꼽힌다.

전 세계를 강타한 코로나19 사태의 영향 속에 한국과 마찬가지로 인도네시아에도 당분간 "언택트(비대면)" 소비가 더욱 활발해질 전망이다. 이는 디지털 경제의 팽창과 보조를 맞춰 질주해온 현지 전자결제 서비스 시장이 한층 덩치를 키우는 계기가 될 것이라는 관측을 낳고 있다. 일각에서는 선구매 후결제 서비스가 신용카드를 추월할지 모른다는 분석도 벌써부터 제기되고 있다. 밀레니얼 세대의 마음을 사로잡으며 조금씩 위상을 높여가고 있는 모바일 기반 신용결제 기능이 앞으로 어떻게 발전해나갈지 지켜볼 일이다.

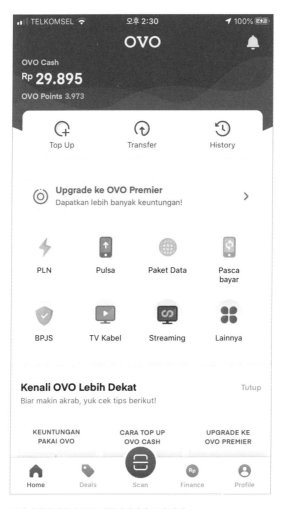

전자결제 플랫폼인 오보 애플리케이션 초기 화면

인도네시아 대선과
모빌리티 산업

인도네시아 역사상 처음으로 총선, 지방선거와 나란히 치러진 대선
이 막을 내렸다. 2019년 4월 17일 열린 대통령 선거에서 조코위 현
대통령은 야권의 프라보워 수비안토 대인도네시아운동당 총재를 물
리치고 재선에 성공했다. 전통적 지지 기반인 젊은 세대와 서민층만
큼이나 조코위 대통령의 당선 소식을 반긴 이들이 있다. 바로 IT 및
모바일업계 종사자들이 적극적인 환영 의사를 내비친 것. 자수성가
한 기업가 출신 정치인으로서 조코위 대통령이 디지털 경제를 장려
하고 스타트업을 육성하는 정책을 도입해온 덕분이다. 특히 최근 주
목받는 모빌리티[7] 분야에 기대감이 크다.

---

7) 사전적으로 "이동성"을 의미하는 모빌리티Mobility는 보통 자유롭고 쉽게 이동할 수 있는 능력을
   가리킨다.

퇴근 시간 자카르타 시내에서 호출 승객을 기다리고 있는 고젝 기사들

2016년 3월 하순의 일이지만 여전히 생생하게 떠오르는 장면이 있다. 인도네시아 최대 택시회사인 블루버드 택시 기사들이 자카르타 도심에서 앱 기반 차량 호출 서비스 업체들을 겨냥해 대규모 시위를 일으킨 하루였다. 2018년 상반기 그랩에 동남아시아 사업 부문을 매각한 미국의 우버와 싱가포르에 본사를 둔 그랩, 현지 스타트업인 고젝 차량 등을 대상으로 한 집단행동이 펼쳐지며 불참 기사들의 택시가 파손되는 현장이 TV로 생중계되기도 했다. 기존 택시 대비 평균 3분의 2가량 저렴한 요금, 호출 승객을 직접 찾아가는 이용 편의성 등을 앞세워 2015년 하반기부터 존재감을 키워오던 모빌리티 스타트업들에 대한 택시업계의 위기감이 공개적으로 표출된 사건이었다. 개인적으로도 마침 귀국길에 오르는 날이었던 까닭에 늦은 저녁 자카르타 공항에 도착하는 순간까지 마음을 졸였던 기억이 지금도 뚜렷하다.

택시 기사들이 대거 길거리로 뛰쳐나왔을 정도로 당시 인도네시아 사회는 새로운 모빌리티 서비스를 둘러싸고 극심한 진통을 겪었다. 기존 택시업계를 보호해야 한다는 주장과 디지털 혁신을 수용해야 한다는 입장이 팽팽하게 맞섰다. 양측의 힘겨루기가 계속되는 상황에서 조코위 대통령은 미래 성장 동력으로서 디지털 경제의 중요성에 힘을 실어줬다. 이를 계기로 갈등이 조금씩 수그러들기 시작했고, 기술에 친숙한 젊은 층을 중심으로 모빌리티 서비스의 편리함과 신뢰성을 지지하는 목소리가 커졌다. 결국 디지털 서비스가 시대적

스마트폰 내비게이션을 활용해 승객을 목적지까지 안내하는 그랩 기사

흐름으로 받아들여지면서 고젝은 인도네시아를 넘어 동남아를 대표하는 데카콘으로 급성장했다. 반면 2015년 말 2만 7,900여 대에 달했던 블루버드 택시 대수는 2년 뒤인 2017년 말 2만 3,200여 대로 약 20퍼센트 감소했다. 블루버드 택시가 고젝 앱에 자사 차량 호출 기능을 탑재하는 데 동의한 가운데, 대다수 택시회사들이 문을 닫거나 심각한 생존 위기에 내몰렸다.

이제 20~30대를 위주로 모빌리티 앱 없는 인도네시아의 일상은 상상하기 어렵다. 모빌리티 시장의 양대 산맥 고젝과 그랩이 차량 호출을 기본으로 음식 배달과 택배, 전자지갑, 동영상 콘텐츠 등을 아우르는 생활 플랫폼으로 자리매김했기 때문이다. 동남아에서 가장 큰 인도네시아 시장점유율을 높이기 위해 두 스타트업이 경쟁적으로 투자에 팔을 걷어붙이면서 다양한 서비스가 추가되고 각종 소비자 혜택이 확대되는 것도 반가운 뉴스다. 그래서일까. 번듯한 대기업을 그만두고 그랩 기사로 일하며 시간적 여유를 누리는 30대 남성, 5성급 고급 호텔에 묵으면서 고젝을 통해 식사를 주문하는 20대 여성 등의 모습이 더는 낯설지 않다. 현재 인도네시아 전체 인구의 10퍼센트 미만이 모빌리티 서비스를 사용하고 있다는 독일의 시장조사 기관 스태티스타의 통계치는 모빌리티 산업의 성장 여지가 충분함을 시사한다. 디지털 시대의 도래에 호의적인 대통령과 함께하는 앞으로의 5년. 인도네시아 모빌리티 분야가 어떻게 진화해나갈지 벌써부터 궁금해진다.

팽창하는
인도네시아 모빌리티 생태계

모빌리티는 전자상거래, 핀테크 등과 더불어 동남아시아 디지털 경제의 성장을 이끌어온 분야로 불린다. 열한 개가 등장한 동남아 유니콘 리스트의 1, 2위에 이름을 올린 업체들도 모두 모빌리티 스타트업이다. 유니콘을 넘어 데카콘으로 발돋움한 그랩과 고젝이 바로 그 주인공들. 단순한 앱 기반 차량 호출 서비스가 아닌 생활 플랫폼으로 자리매김한 동남아 최대 스타트업 두 곳이 가장 뜨거운 경쟁을 벌이는 격전지는 단연 인도네시아다. 동남아 경제 규모의 35~40퍼센트를 차지하는 거대 시장에 최근 디지털 열풍이 거세진 덕분이다. 본사가 위치한 싱가포르를 포함해 역내 8개 국가에 진출한 그랩에도, 인도네시아 토종 기업인 고젝에도 놓칠 수 없는 우선순위인 것이다. 그랩과 고젝이 몰려드는 투자금을 등에 업고 총성 없는 전쟁을 펼치면서 인도네시아의 모빌리티 생태계 또한 갈수록 확산되고 있다.

모빌리티 생태계의 팽창을 나타내는 대표적 사례로 온라인 앙콧 호출 서비스의 등장을 꼽을 수 있다. 그랩과 고젝이 각각 우위를 점한다고 추정되는 승용차, 오토바이 호출 시장 외에 앙콧 호출 시장이 새롭게 탄생한 것이다. 인도네시아 서민들이 전통적으로 이용해온 앙콧은 소형 승합차에 최대 10여 명 승객을 태우고 특정 지역을 운행하는 마을버스이다. 모빌리티 수단의 다양화 신호탄으로 일찌감치 방송에 소개될 정도로 화제를 몰고 왔던 앱 기반 앙콧 호출 서비스는 자바섬 서부의 공업 도시 버카시에서 2019년 4월 처음 선보였다. 현지 스타트업 트론TRON이 미국의 차량 공유 서비스업체와 손잡고 기존 앙콧 노선 두 개를 대상으로 서비스를 출시했다. 그랩, 고젝 등과 마찬가지로 승객이 스마트폰의 트론 앱을 통해 앙콧을 호출해 목적지까지 이동한 뒤 요금을 지불하는 방식으로 운영된다. 시범 운행 중인 2019년 6월 중순 베카시 버스터미널 부근에서 만났던 트론 기사는 "아직은 초기라 승객이 많지는 않지만, 모바일 기기에 능숙한 젊은 층의 서비스 만족도는 높은 편"이라고 목소리를 높였다.

그랩과 고젝을 벤치마킹한 온라인 앙콧 호출 서비스가 인도네시아 모빌리티 생태계의 폭을 넓힌다면 데카콘들의 인재 육성 의지는 생태계의 깊이를 더하는 촉매제 역할을 하고 있다. 특히 글로벌 무대에 내놓아도 손색없다는 평가를 받는 동남아 스타트업계의 선두 주

버카시에서 시범 운행 중인 트론의 온라인 앙콧 호출 서비스

자 그랩의 행보가 돋보인다. 그랩은 모빌리티 생태계 형성과 발전의 필수 요소인 디지털 인재 양성에 팔을 걷어붙여왔다. 그랩이 자카르타에서 매달 개최하는 그랩 토크^{Grab Talks} 이벤트가 이를 잘 보여준다. 행사에는 그랩의 주요 사업 부문 책임자들이 모빌리티, 전자결제 관련 기술 등을 소개하고, IT 산업 종사자들이 대부분인 참가자들과 적극적으로 질의응답을 진행한다. 때로는 그랩의 계열사 혹은 파트너사 담당자들이 초청돼 자사의 비즈니스 모델을 설명하고 최신 스타트업 트렌드를 공유하기도 한다. "빅 데이터와 개인화^{Big Data & Personalization}"를 주제로 열린 2019년 4월 토크를 주관했던 그랩 관계자는 "젊은 세대를 중심으로 모빌리티 서비스에 대한 이해도를 높이는 한편 기술 분야 인재를 확보하는 데도 초점을 맞추고 있다"고 귀띔했다.

물론 여전히 갈 길은 멀다. 짧은 역사를 감안하더라도 스타트업계의 저변은 취약하고 법적, 제도적 뒷받침도 충분하지 못하다. 여기에 일부 대도시를 제외하면 열악한 통신 인프라스트럭처와 빈부 격차 심화 등은 생태계 확대의 선결 조건인 모빌리티 서비스의 접근성을 떨어뜨린다는 지적이다. 하지만 불과 얼마 전까지만 해도 존재하지 않았던 데카콘의 출현으로 촉발된 인도네시아 모빌리티 생태계의 성장세만큼은 둘째가라면 서러울 정도다. 실제 트론이 자카르타 동북부 지역을 운행하는 순환 버스를 온라인으로 호출하는 서비스를 준비하는 반면 그랩은 손꼽히는 명문대학인 인도네시아 국립대

자카르타에서 매달 개최되는 그랩 토크 이벤트

학교와 스타트업 인재 양성을 위한 전략적 파트너십을 체결하는 등 생태계의 질적, 양적 발전을 위한 노력이 지속적으로 구체화되고 있다. 동남아 이웃 나라들의 부러움을 사고 있다는 인도네시아 모빌리티 생태계의 앞날이 벌써부터 궁금해지는 이유이다.

모빌리티 서비스가 바꾼
인도네시아 사회

열흘가량 이어진 2019년 르바란 연휴가 마무리된 6월 둘째 주 자카르타에는 다시금 활기가 돌기 시작했다. 전 세계 이슬람권에 연중 가장 중요한 시기로 기념되는 라마단과 르바란이 막을 내리면서 무슬림이 대다수를 차지하는 인도네시아 국민들도 일상으로 돌아왔기 때문이다. 모빌리티 앱은 학교, 일터 등으로 속속 복귀한 이들이 가장 먼저 찾는 서비스 중 하나다. 출퇴근 및 등하교 수단으로 오토바이나 차량을 부르는 것은 기본이다. 이동 중에는 앱에서 공급하는 뉴스 및 동영상 콘텐츠 등을 즐기는 한편, 식사 시간이 다가오면 간편하게 배달 음식을 주문하기도 한다. 데카콘으로 발돋움한 모빌리티 스타트업 고젝과 그랩이 단순한 차량 호출 서비스가 아닌 생활 플랫폼으로 자리매김한 덕분이다. 그만큼 불과 몇 년 전만 해도 구

경할 수 없었던 변화상이 도시 지역을 위주로 인도네시아 사회 곳곳
에 나타나고 있다.

인도네시아 서민들의 발 역할을 해온 전통적 운송 수단의 쇠퇴
를 우선 꼽을 수 있다. 디지털 경제가 확산되면서 오토바이 택시 오
젝O-Jek, 마을버스 앙콧 등의 존재감이 갈수록 약해지는 현상이 대
표적이다. 오젝 기사들이 고젝과 그랩으로 대거 일자리를 옮기면서
자카르타 도심에는 사실상 영업용 오토바이 택시가 자취를 감춰버
렸다. 여기에 소형 승합차로 단거리를 운행하는 앙콧 역시 차량 대
수가 감소하는 분위기가 뚜렷하다. 모빌리티 서비스의 부상에 타격
을 입기는 택시업계도 마찬가지다. 일본의 영문 경제 주간지 『니케
이 아시안 리뷰』에 따르면, 자카르타의 택시 대수는 2015년 이래 무
려 53퍼센트나 줄어든 것으로 집계됐다. 실제 현지 1위 택시업체 블
루버드의 택시 대수가 2015년 말 2만 7,900여 대에서 2018년 말 2만
3,200여 대로 20퍼센트가량 감소하는 등 택시회사들은 예외 없이
생존 위기에 내몰린 상태다.

전자결제 서비스 이용 인구의 확대 또한 모빌리티 스타트업의 성
장과 밀접하게 관련된 것으로 분석된다. 출시 초기 모빌리티 앱에는
현금과 신용카드만이 서비스 결제 수단으로 탑재됐다. 이후 고젝과
그랩이 2016년 차례로 비현금성 결제 기능을 제공하는 전자지갑 플
랫폼인 고페이, 오보를 선보였다. 신용카드 보급률이 채 10퍼센트에
못 미치는 상황에서 현금 결제 대비 할인 혜택을 받을 수 있는 전자

배달 주문 음식을 구입하기 위해 프랜차이즈 매장에 줄을 선 고객과 그랩 기사들

지갑은 젊은 층을 필두로 큰 호응을 얻었다. 그리고 차량 호출 외에 전자결제가 가능한 레스토랑, 카페 등이 급속하게 늘어나고 캐시백 적립 프로모션 등도 경쟁적으로 펼쳐지면서 이제는 중·장년층 이용자 수도 팽창하는 추세다. 현지 벤처캐피털업계의 한 CEO는 "고젝과 그랩의 결제 수단으로 도입되지 않았다면, 인도네시아에서 전자결제 서비스가 활기를 띠는 데 더욱 많은 시간이 걸렸을 것"이라고 설명했다.

이밖에 대도시를 중심으로 최근 공실이 부쩍 증가한 점을 모빌리티 서비스 활성화와 연관시키는 시각도 설득력을 얻고 있다. 바로 고젝, 그랩이 본격적으로 인기를 끌면서 "Disewa(임대)", "Dijual(매매)" 현수막 등이 내걸린 빈 건물도 함께 늘어났다는 것. 이는 모빌리티 앱을 통해 음식, 식료품 등을 배달 주문하는 사례가 급증하면서 오프라인 매장의 필요성이 예전보다 줄어들었다는 관찰에 기반하고 있다. 반면 모바일 환경을 적극 활용해 인건비, 임대료 등 고정비용을 최소화하는 소규모 비즈니스는 탄력을 받고 있다고 목소리를 높인다. 자카르타 컨설팅업계에서 잔뼈가 굵은 필자의 지인은 "전반적인 경기 침체 속에 부동산이 과잉 공급된 것이 임차인을 쉽게 구하지 못하는 일차적인 이유"라면서도 "고젝과 그랩의 등장이 부동산 지형도에 일정 부분 영향을 미친 것도 사실"이라고 귀띔했다. 모빌리티 데카콘 두 곳의 주도로 빠르게 달라지고 있는 인도네시아 사회의 풍경. 그 미래가 벌써부터 궁금해진다.

전자결제 서비스업체들의 캐시백 적립 혜택을 홍보하는 레스토랑 안내문

현금 없는 사회와
인도네시아

평소 주변에서 인도네시아와 관련된 이런저런 질문을 받는다. 대화의 주제가 "현금 없는 사회Cashless Society"로 옮겨 가면 지인들 다수는 고개를 갸우뚱한다. 인도네시아 정부가 장려해온 현금이 필요하지 않은 사회가 과연 현실로 다가올 수 있을까 의심의 눈초리를 보낸다. 이는 인도네시아를 포함한 동남아시아 전반에 대한 한국 사회의 인식과 무관하지 않아 보인다. 현 정부의 신남방정책 등과 때를 맞춰 관심도가 높아졌지만, 동남아를 개발도상국으로 바라보는 시각은 여전하기 때문이다. 싱가포르를 제외한 동남아 국가들의 금융 접근성이 대체로 낮다는 점에서 일정 부분 수긍할 수 있는 의구심이기도 하다. 하지만 현지의 특수성에 기반한 전자결제 서비스가 급팽창하면서 일부 대도시를 위주로 지폐와 동전이 필요 없는 금융 환

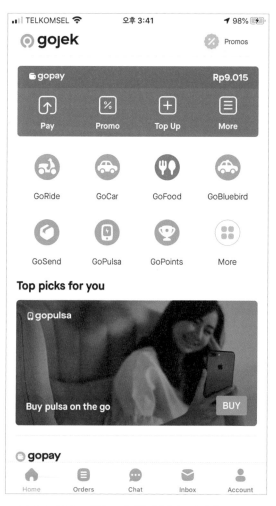

고페이 충전 잔액을 보여주는 고젝 애플리케이션 초기 화면

경이 조성돼온 것 또한 분명한 사실이다. 아직 갈 길은 멀지만 현금 없는 인도네시아를 목표로 한 걸음씩 전진하고 있는 것이다.

실제 지난 몇 년간 인도네시아 전자결제 시장은 괄목할 만한 성장세를 달성하면서 현금 없는 사회를 향한 기대감을 키우고 있다. 2017년경부터 본격적인 성장세를 보인 전자결제 시장의 선두 주자는 오보와 고페이이다. 오보는 인도네시아에서 손꼽히는 화교 재벌 중 한 곳인 리포그룹이 선보인 전자지갑 애플리케이션이다. 반면 고페이는 인도네시아 최초의 데카콘인 앱 기반 차량 호출 서비스 고젝이 2016년 4월 선보인 전자지갑 플랫폼이다. 이들 외에 현지 미디어 그룹 엠텍과 중국 알리페이의 합작으로 탄생한 다나DANA, 인도네시아 1위 통신사업자 텔콤셀이 4개 국영은행과 제휴해 내놓은 링크아자 등이 후발 주자로 거론된다. 현지 디지털 조사업체인 스냅카트의 2019년 발표 자료에 따르면, 전자결제 플랫폼으로 오보(58%)가 가장 선호되는 가운데 고페이(23%), 다나(6%) 등의 순으로 이름을 올렸다.

불과 몇 년 전만 해도 상상하기 힘들었던 전자결제 서비스가 확산되면서 현금 없는 일상 역시 광범위하게 발견되고 있다. 예를 들어, 오보의 잔액 범위 내에서 그랩을 통해 음식을 배달 주문하면 실내에서 편리하게 끼니를 해결할 수 있다. 여기에 고페이에 일정 금액을 미리 충전하면 고젝의 차량 호출 서비스 이용 후 현금 결제보다 싼 요금이 자동으로 인출된다. 이뿐만이 아니다. 은행계좌나 신용카드가 없어도 언제든지 원하는 금액을 충전할 수 있는 것은 물론 사

프랜차이즈 매장에서 전자결제 시스템을 안내하는 직원

용 실적에 따라 적립되는 포인트 및 캐시백 혜택을 다시 결제에 활용할 수도 있다. 특히 전자지갑 플랫폼 간 경쟁이 갈수록 치열해지면서 우수 고객들을 대상으로 선구매 후지불, 즉 신용결제 기능이 도입되는 등 서비스도 계속 진화하고 있다. 서점과 미용실, 안경집 등으로 가맹점이 급속히 늘어나면서 심지어 주변에는 지갑을 집에 놓고 출근 및 등교하는 경우도 심심치 않게 목격된다.

물론 폭발적 성장세에도 불구하고 몇몇 대도시를 벗어나면 전자결제 서비스가 다분히 낯선 곳들이 대부분이다. 자바섬 중부에 위치한 인도네시아를 대표하는 역사와 문화의 도시 족자카르타만 해도 시내 중심부의 쇼핑몰 내 상점 등을 제외하면 현금 결제가 주를 이룬다. 이와 함께 시장점유율 확대를 위한 모바일 플랫폼 간의 출혈 경쟁을 우려하는 목소리도 점점 커지고 있다. 하지만 금융 접근성 개선을 위한 유선 인프라스트럭처 구축에 한계가 있을 수밖에 없는 1만 7,000여 개 섬으로 구성된 세계 최대 도서국가의 특성을 감안하면 전자결제 서비스의 중요성은 아무리 강조해도 지나치지 않다. 5년, 10년 뒤 현금 없는 사회 인도네시아의 발전상이 벌써부터 궁금해지는 이유이다.

인도네시아 스타트업계에
2020년이 중요한 이유

인도네시아에 2019년은 어느 때보다도 국가적 이슈들이 비상한 관심을 끌었던 한 해였다. 그 출발점은 3월 말 개통된 인도네시아의 첫 도심고속철도인 자카르타 MRT 1호선 1단계 구간이었다. 자카르타의 만성적 교통난을 완화해줄 편리한 대중교통 수단에 대한 국민적 관심은 연말 상업 운행을 시작한 LRT 1단계 구간으로 이어졌다. 이와 함께 4월 중순 치러진 대통령 선거에서 재선에 성공한 조코위 대통령은 8월 하순 행정수도를 보르네오섬 동칼리만탄 지역으로 이전하는 방침을 공식화하면서 국내외 이목을 집중시켰다. 조코위 대통령은 이어 11월 하순 부산에서 열린 "2019 한-아세안 특별정상회의"에 참석해 아세안 회원국 수반으로는 처음으로 한국과 포괄적경제동반자협정을 최종 타결했다.

새로운 10년의 닻을 올리는 2020년을 앞두고 인도네시아 여기저기서는 들뜸과 설렘이 감지됐다. 하지만 사회 전반적인 기대감에도 불구하고 분위기가 다소 가라앉은 분야들도 눈에 띄었다. 인도네시아 디지털 경제의 형성과 발전에 핵심 동력 역할을 해온 스타트업계도 그중 하나이다. 특히 현지 스타트업 생태계를 상징하는 선두 주자들을 둘러싼 우울한(?) 소식들이 하나둘씩 들려왔다. 바로 각각 기업 가치가 100억 달러, 10억 달러를 넘는 비상장 스타트업을 지칭하는 데카콘과 유니콘들의 앞날에 대한 의구심이 고개를 들고 있기 때문이다.

사실 인도네시아 스타트업계는 디지털 경제가 본격적으로 기지개를 켠 2010년대 중반 이래 눈부신 성장 가도를 달려왔다. 동남아시아의 열한 개 유니콘 중 다섯 곳이 인도네시아에 본사를 둔 점이 뜨거운 스타트업 열풍을 증명한다. 인도네시아에서는 유일하게 데카콘 반열에 오른 모빌리티 분야의 고젝을 필두로 전자상거래 서비스업체인 토코피디아와 부칼라팍Bukalapak, 온라인 여행 스타트업인 트래블로카가 유니콘으로서 위상을 높였다. 그리고 2019년 하반기에는 부동산 재벌 리포그룹 산하의 전자결제 앱 오보가 새롭게 유니콘 대열에 합류했다.

하지만 세계 최대 차량 공유업체 우버와 세계 최대 공유오피스업체 위워크를 휘청거리게 한 수익성 문제가 불거지면서 인도네시아 유니콘들의 급성장세에도 제동이 걸린 모양새다. 고젝이 자사 앱에

자바섬 중부에 위치한 족자카르타의 유명 식당에 마련된 고젝 승하차 장소

서 제공되던 생활형 서비스 고라이프^{Go-Life} 대부분을 중단하겠다고 발표한 것이 대표적이다. 외신에 따르면, 고젝은 기존 고객 주문의 약 90퍼센트를 차지하는 마사지 및 청소 대행을 뺀 고라이프 서비스를 단계적으로 폐지하겠다고 밝혔다. 전문가들은 고젝이 총 거래액이 아닌 수익성에 기반한 비즈니스 모델을 확립해야 한다는 지적을 상당 부분 수용한 결과로 해석했다. 여기에 리포그룹 역시 최근 보유 중이던 오보 지분의 3분의 2가량을 매각한 것으로 알려지면서 화제가 됐다. 그룹 창업자가 공개적으로 매달 5,000만 달러(약 613억 5,000만 원) 규모의 막대한 투자에 수반되는 현금 고갈 우려를 드러낸 가운데, 중국 알리바바의 금융계열사 앤트파이낸셜이 뒤에 버틴 다나와의 합병설 또한 끊이지 않고 있다. 이에 앞서 9월에는 부칼라팍이 비용 절감 차원에서 전체 직원의 10퍼센트 수준인 250여 명을 해고하고 서비스도 일부 축소하는 결정을 내렸다.

지난 몇 년간 인도네시아 스타트업계는 쏟아지는 투자를 등에 업고 괄목할 만한 성장세를 달성했다. 하지만 전 세계적으로 덩치 키우기에 몰두해온 스타트업들의 기업 가치 거품 논란이 거세지면서 질적 성장을 요구하는 목소리가 점점 커지고 있다. 즉 선택과 집중 전략을 통해 눈앞의 성과를 원하는 투자자들이 늘어나고 있는 것. 미래 성장성을 앞세워 거침없이 질주해온 인도네시아 유니콘들도 현재 수익성에 신경 쓸 수밖에 없게 된 것이다. 현장에서는 몇몇 부문을 제외한 인도네시아 스타트업계를 보수적으로 바라봐야 한다는 전망

온라인 여행 스타트업의 자카르타 MRT 역사 내 광고물

도 일찌감치 흘러나오고 있다. 근본적인 수익성 이슈에 직면한 인도네시아 스타트업계에 2020년이 더욱 중요할 수밖에 없는 이유이다.

스타트업은
인도네시아 비즈니스 혁신의 원동력

인도네시아에 첫 코로나19 확진자가 발생하기 약 일주일 전인 2020년 2월 하순 자카르타 중심부에 위치한 그랜드 하얏트 호텔에서는 "니케이 포럼 자카르타 2020 NIKKEI FORUM JAKARTA 2020"이 진행됐다. 이번 포럼은 지난 1970년 자카르타에 첫발을 내디딘 일본의 경제 전문 매체 『니케이』가 인도네시아 독립 75주년을 맞은 2020년을 기념해 개최했다. 공교롭게도 24일 밤부터 쏟아진 폭우로 자카르타 및 수도권 곳곳이 침수되면서 당일 아침에는 직장인들의 출근과 학생들의 등굣길 대란이 발생했다. 그래서인지 오전 내내 행사장에는 빈자리가 제법 눈에 띄었다. 여기에 악화된 교통 상황에 주요 연사를 화상으로 연결해 청중들과 소통하는 해프닝(?)도 벌어졌다. 그럼에도 불구하고 일본 비즈니스맨들이 주를 이룬 참석자들은 정부 고위 관료와 영향력 있는 재계 인사들의 한 마디 한 마디에 귀를 기울였다.

특히 오너가 대부분 3세 경영자인 인도네시아 기업인 발표자들이 남다른 시선을 사로잡았다. 외국인 투자 유치 확대 등을 위해 인도네시아 정부가 최근 공을 들이고 있는 "옴니버스 법안" 소개에 주력한 투홋 빈사르 판자이탄 해양투자조정부 장관에 이어 단상에 오른 현지 최대 부동산회사 리포 카라와치Lippo Karawaci의 존 리아디 최고경영자가 대표적이었다. 인도네시아에서 손꼽히는 재벌기업인 리포그룹 창업자의 손자인 리아디 최고경영자는 정부의 개혁적 행보를 환영했다. 인도네시아가 중진국 함정에서 벗어나는 데 15~20년밖에 남지 않았다는 보고서를 인용한 그는 "옴니버스 법안을 바탕으로 기존 연 5퍼센트 경제성장률이 6~6.5퍼센트 수준으로 높아진다면 충분한 일자리가 창출될 것"이라고 목소리를 높였다. 그는 또 "인도네시아는 상품 기반 경제에서 부가가치 기반 경제로 체질을 바꿔야 한다"며 "그 중심에는 역사상 전례가 없이 교육과 건강에 신경을 쓰고 자유롭게 해외여행을 떠나는 급부상한 중산층이 자리 잡고 있다"고 덧붙였다.

리아디 최고경영자에 이어 화상으로 모습을 드러낸 액스턴 살림 살림그룹 전무이사는 인도네시아 최대 재벌이 스타트업 생태계에 관심을 쏟는 배경을 강조했다. 3세 경영인인 살림 전무이사는 "살림그룹은 8단계에 달하는 복잡한 유통구조를 개선해 생산자와 소비자를 직접 연결해주는 농업 스타트업 등에 투자해왔다"면서 "이는 비

인도네시아 최대 부동산회사인 리포 카라와치의 존 리아디 최고경영자

인도네시아 최대 재벌기업인 살림그룹의 액스턴 살림 전무이사

즈니스 혁신 측면에서 스타트업이 인도네시아 경제에 중요한 역할을 담당하고 있기 때문이다."라고 지적했다. 그는 살림그룹이 싱가포르 국립대 창업지원센터의 창업보육 생태계를 자카르타와 반둥, 족자카르타 등지에 소개하는 한편, 일본 벤처캐피털과 손잡고 스타트업 액셀러레이터 프로그램을 출범시킨 것도 비슷한 맥락이라고 설명했다.

2010년대 중반 이후 팽창 가도를 달려온 인도네시아 디지털 경제의 주역 스타트업계에 주목하기는 여성 경영인도 마찬가지였다. 창업자의 손녀로 현지 최대 택시회사 블루버드를 이끌고 있는 노니 푸르노모 사장은 애플리케이션 기반 차량 호출 서비스에서 출발해 데카콘으로 성장한 고젝과의 협업을 예로 들었다. 푸르노모 사장은 "고젝과 그랩 등 차량 공유 스타트업들의 잇따른 등장으로 인도네시아 택시의 3분의 2가량이 사라졌다"며 "당시에는 충격이었지만 지금은 '윈윈'을 추구하고 있다"고 밝혔다. 2019년 말 고젝이 블루버드의 지분 약 4퍼센트를 인수한 사실을 언급한 그는 "실제 온라인 채널과 오프라인 평판의 만남이 가져올 시너지 효과에 대한 기대감이 고젝 내 블루버드 택시 호출 기능을 탄생시켰다"고 전했다.

이야기 속 이야기:
그랩 vs 고젝, 아세안 수퍼앱 전쟁

2020년 상반기를 얼마 남겨두지 않은 아세안은 여러모로 뒤숭숭한 모양새다. 대부분 국가들에서 코로나19 확산세는 주춤해졌지만, 인도네시아와 싱가포르에는 여전히 수백여 명의 신규 확진자가 매일같이 보고되면서 우려감이 수그러들지 않고 있다. 일용직 노동자와 가사 도우미 등 비공식 경제 부문을 필두로 실업 대란이 현실화된 가운데, 대다수 회원국들이 잇따라 올해 경제성장률 전망치를 내려 잡을 만큼 당분간 전망도 밝지 않다. 먹구름이 드리우기는 스타트업계도 예외가 아니다. 아세안의 디지털 사회로 전환을 이끄는 원동력으로 주목받아왔지만, 급변하는 비즈니스 환경에서 너 나 할 것 없이 사업 축소 및 구조조정 등에 내몰리고 있기 때문이다. 전례 없는 위기 상황에서도 남다른 눈길을 끄는 스타트업들이 있다. 바로 아세안 스타트업계를 대표하는 데카콘 그랩과 고젝이 그 주인공들이다.

여행이나 휴가, 출장 등의 목적으로 아세안을 방문한 경험이 있다면 직간접적으로 그랩과 고젝을 마주했을 가능성이 높다. 그랩 혹은 고젝의 헬멧과 재킷을 착용하고 손님을 태우거나 주문 음식을 배달하는 오토바이 기사들을 아세안의 거리에서 흔하게 찾아볼 수 있기 때문이다. 그랩과 고젝은 아세안의 열한 개 유니콘 중 두 개뿐인 데카콘이다. 나란히 기업 가치 1위, 2위를 달릴 정도로 아세안 스타트업 생태계에서 독보적인 위상을 자랑한다. 그랩은 2012년 말레이시아에서 처음 설립된 후 싱가포르로 본사를 옮겼고, 고젝은 2010년 창업 이래 안방인 인도네시아에 주력해왔다. 그랩과 고젝은 세계 최대 모빌리티 스타트업인 미국의 우버가 원조 격인 앱 기반 차량 호출 서비스를 출시하며 덩치를 키우기 시작했다. 이후 음식 배달과 택배, 티켓팅, 전자결제 및 동영상 콘텐츠 등 다방면으로 비즈니스 영역을 넓히면서 아세안의 모바일 생활 플랫폼으로 자리매김했다.

두 수퍼앱이 본격적으로 기지개를 켠 2015년, 2016년 이후 인도네시아를 중심으로 이들을 지켜봐온 필자로서는 그 발전상에 여러 번 깊은 인상을 받았다. 편리함과 저렴함을 앞세워 기존 대중교통 체계의 빈틈을 파고든 차량 호출 서비스는 도시 지역 젊은 층의 호응을 이끌어내며 급속하게 사용자 수를 늘려갔다. 이후 현지 특수성을 반영한 결제 시스템이 도입돼 성장을 가속화한 한편, 규모의 경제를 추구할 수 있는 새로운 기능들도 속속 앱에 추가됐다. 일부 시행착

출근 시간 자카르타 북쪽의 코타 기차역에서 호출 손님을 기다리는 그랩 및 고젝 기사들

오를 겪으면서도 그랩과 고젝은 몰려드는 대내외 투자를 등에 업고 공격적인 행보를 지속했다. 그 결과 그랩은 2018년 초에 우버의 동남아 사업 부문을 인수하면서 글로벌 스타트업계를 놀라게 했다. 경쟁에서 밀려 문을 닫는 기존 택시업체들이 속출한 인도네시아에서는 고젝의 창업자가 교육문화부 장관으로 입각해 화제가 되기도 했다. 아세안 사정에 정통한 벤처캐피털업체 관계자들은 "그랩과 고젝은 전 세계 어디에 내놔도 손색없는 데카콘으로 도약했다"고 입을 모은다.

베트남, 태국 등을 포함한 아세안 8개 나라 500여 개 도시에 진출한 그랩은 동남아 차량 호출 서비스 시장의 60퍼센트 이상을 점유하고 있는 것으로 알려진다. 반면 아세안 5개국에 발을 들여놓은 고젝은 역내 최대인 인도네시아 시장 1위 자리를 놓고 그랩과 치열한 각축전을 펼치고 있다. 조사기관마다 수치가 다소 엇갈리지만 대체로 오토바이 호출 서비스 부문에서는 고젝이, 차량 호출 서비스 부문에서는 그랩이 앞선 것으로 집계된다. 그랩은 올해 2월 말 미쓰비시 금융그룹 등으로부터 1조 원가량의 투자를 유치했다. 이에 질세라 고젝도 6월 초 페이스북과 페이팔로부터 대규모 자금을 조달하는 데 성공했다. 사실 지난해 하반기 무렵 고개를 든 뒤 코로나19 사태를 계기로 심각성을 더한 아세안 스타트업계의 수익성 이슈에서 자유롭지 못하기는 그랩과 고젝 역시 마찬가지이다. 그럼에도 불구하고 쏟아진 일본 및 실리콘밸리 거물들의 러브콜(?)은 두 스타트업

자바섬 중부에 위치한 족자카르타 국립박물관에 마련된 그랩 승하차 장소

을 향한 기대감의 수준이 얼마나 높은지를 그대로 보여준다. 그랩과 고젝의 수퍼앱 전쟁이 코로나19 정국을 지나면서 어떻게 전개돼나갈지 계속 지켜볼 일이다.

2020년 아세안 vs 2025년 아세안

2019년 5월 말쯤의 기억이다. 금융기관이 밀집된 자카르타를 대표하는 상업지구인 SCBD^{Sudirman Central Business District}의 한 호텔에서 김창범 전 주인도네시아 대사와 점심 식사를 같이했다. 라마단 금식 기간을 맞아 평소보다 한가했던 레스토랑 밖을 내다보면서 김 전 대사가 이런 말을 꺼냈다. "이렇게 앉아 있으면 여기가 뉴욕 맨해튼인지, 서울 여의도인지, 자카르타 금융 중심지인지 알 수가 없죠?"

그랬다. 다국적기업들의 간판이 경쟁적으로 내걸린 고층 빌딩과 넉넉하고 깔끔하게 정돈된 도로, 세련된 옷차림의 젊은 직장인들의 모습은 여느 세계적 대도시의 풍경과 다르지 않았다. 2018년 8, 9월 56년 만의 하계 아시안게임을 준비하면서 대대적으로 정비된 시내 탐린^{Thamrin} 지역의 대로변을 지나칠 때는 싱가포르에 와 있는 듯한 느낌마저 들었다. 2010년대 들어서 연평균 5퍼센트를 웃도는 건실한 성장세를 지속해온 인도네시아 수도의 현주소를 상징적으로 보여주는 듯했다. 이는 정도의 차이는 있겠지만, 대부분 아세안 회원국들에게서 공통적으로 발견되는 달라진 위상에 다름 아니었다.

2020년 상반기 아세안은 전 세계의 시선을 사로잡았던 그동안과는 사뭇 달라진 현실을 마주했다. 지구촌을 강타한 코로나19 사태의 충격을 피해 가지 못하면서 거침없던 기세가 한풀 꺾였기 때문이다. 실제 아세안 최대 경제 규모를 자랑하는 인도네시아의 1분기 경제성장률은 분기별로는 18년 만의 최저인 2.97퍼센트를 기록했다. 이밖에 싱가포르에는 5월 초 이미 역내에서 가장 많은 2만 명을 훌쩍 넘는 코로나19 확진자가 발생하면서 "아시아의 강소국" 명성에 금이 갔다. 각국 정부가 잇따라 경기 부양책을 내놓았지만, 열악한 공공 의료 시스템과 아세안 GDP의 25퍼센트 이상을 차지하는 것으로 추정되는 일용직 노동자, 노점상 등 비공식 경제 부문이 우려를 키운다는 지적이 끊이지 않고 있다. 2010년대 중반 이래 눈부신 발전 가도를 달리며 아세안의 디지털 사회로의 전환을 이끌었던 스타트업계에도 먹구름이 드리우기는 마찬가지이다. 2019년 하반기 무렵부터 수익성 이슈가 불거진 가운데, 코로나19의 확산으로 비즈니스가 위축되고 신규 투자도 급감하면서 생존 위기에 내몰린 스타트업들의 소식이 하루가 멀다 하고 들려오고 있다.

그럼에도 불구하고 아세안에 대한 긍정의 끈을 놓을 필요는 없다.

숱한 고난을 이겨내면서 나름의 방식으로 한 걸음씩 전진해온 아세안의 저력이 역사적으로 주목받아왔기 때문이다. 전 인도네시아 외교장관이자 유엔 주재 인도네시아 상주대표를 역임한 마티 나탈레가와는 저서 『아세안은 중요한가?』에서 "동남아는 종교, 인종 등 측면에서 다양성을 표방해왔다"고 강조했다. 코로나19 사태가 차츰 안정화되면 아세안 구성원들은 "사람 중심Human-Oriented" 가치로 재무장하고 동남아시아국가연합의 앞날을 다시금 설계해나갈 것이다. 다양성 사회를 지탱하는 합의와 상호 존중 정신을 바탕으로 외부의 시각에는 더디게 비쳐온 2025년 아세안공동체 비전 실현에 속도를 내기 위해서이다. 더불어 번영하는 5년 뒤, 10년 뒤를 향해 한국과 아세안이 손잡고 힘차게 달려가기를 희망해본다.

| 참고 자료 |

〈도서〉

강희정 지음, 『아편과 깡통의 궁전』, 푸른역사, 2019.

박번순 지음, 『아세안의 시간』, 지식의날개, 2019.

산지브 산얄 지음, 류형식 옮김, 『인도양에서 본 세계사』, 소와당, 2019.

Bari Arijono, *Indonesia Digital Nation*, Republika, 2017.

Edwin Jurriens and Ross Tapsell(ed.), *Digital Indonesia: Connectivity and Divergence*, ISEAS Publishing, 2017.

Marty Natalegawa, *Does ASEAN Matter?*, ISEAS Publishing, 2018.

Sanchita Basu Das(ed.), *Achieving the ASEAN Economic Community 2015*, ISEAS Publishing, 2012.

〈보고서〉

구글·테마섹·베인앤드컴퍼니, "동남아시아 인터넷 경제 2018 & 동남아시아 인터넷 경제 2019".

구글, "코로나19 커뮤니티 이동성 보고서".

〈웹사이트〉

고젝: https://www.gojek.com/

그랩: https://www.grab.com/sg/

네이버 금융: https://finance.naver.com/

넷플릭스: https://www.netflix.com/kr-en/

니케이 아시안 리뷰: https://asia.nikkei.com/

대만 행정원 교무위원회: https://www.ocac.gov.tw/ocac/

더 스트레이츠 타임스: https://www.straitstimes.com/global/

더 자카르타 포스트: https://www.thejakartapost.com/

동아시아·아세안 경제연구센터: https://www.eria.org/

딜스트리트 아시아: https://www.dealstreetasia.com/

말레이시아 페낭 주정부: https://www.penang.gov.my/index.php/en/

법무부 출입국·외국인정책본부: http://www.immigration.go.kr/immigration/
index.do

베트남 외교부: http://www.mofa.gov.vn/en

블루버드그룹: https://www.bluebirdgroup.com/

세계경제포럼: https://www.weforum.org/

스태티스타: https://www.statista.com/

신남방정책특별위원회: http://www.nsp.go.kr/main.do

아세안 사무국: https://asean.org/

외교부: http://www.mofa.go.kr/www/index.do

월드오미터: https://www.worldometers.info/coronavirus/

월스트리트저널: https://www.wsj.com/

위키피디아: https://www.wikipedia.org/

유엔개발계획: https://www.undp.org/content/undp/en/home.html

이부쿠: http://ibuku.com/

인도네시아 국가통계국: https://www.bps.go.id/

인도네시아 내각사무처: https://setkab.go.id/

인도네시아 대통령 트위터: https://twitter.com/jokowi?lang=en

인도네시아 중앙은행: https://www.bi.go.id/id/Default.aspx

인도네시아 투자조정청: https://www7.bkpm.go.id/

인도네시아 핀테크협회: https://fintech.id/

주대한민국 인도네시아 대사관 페이스북: https://www.facebook.com/kbriseoulkorea

주아세안 대한민국 대표부: http://overseas.mofa.go.kr/asean-ko/index.do

주인도네시아 대사관: http://overseas.mofa.go.kr/id-ko/index.do

코트라 수라바야 무역관: http://www.kotra.or.kr/KBC/surabaya/KTMIUI010M.html

코트라 자카르타 무역관: http://www.kotra.or.kr/KBC/jakarta/KTMIUI010M.html

콤파스: https://www.kompas.com/

테크인아시아: https://www.techinasia.com/

통영관광포털: http://www.utour.go.kr/utour.web

통영시청: http://www.tongyeong.go.kr/main.web

한국관광공사: http://www.visitkorea.or.kr/intro.html

한-아세안센터: https://www.aseankorea.org/kor/

방정환

대학에서 경영학을, 대학원에서 법학을 공부한 언론인 출신 비즈니스맨이다. 《매일경제신문》에서 6년 반가량 취재기자로 일했고, 미국 하와이와 일본 도쿄에서 연수를 받았다. 2011년 싱가포르의 다국적 교육업체, 2013년 인도네시아의 한국계 투자기업에 몸담게 된 이래로 동남아시아와 인연을 이어오고 있다. 2016년에 『왜 세계는 인도네시아에 주목하는가』를, 2017년에 전자책 『커피 한 잔 값으로 떠나는 인도네시아 카페 산책』을 출간했다. SERICEO의 《쇼미더인니!》 프로그램을 진행했으며, 《매경프리미엄》 등 언론매체에 아세안을 주제로 기고를 해오고 있다. 2019년 10월에는 인도네시아에서 열린 "제1차 한-인도네시아 영 리더스 다이얼로그"에 한국 대표단으로 참가했다. 지금은 자카르타 소재 한국 스타트업 캐시트리의 모기업인 와이팀즈의 파트너로 활동하고 있다.

이메일 um0517@hanmail.net

페이스북 www.facebook.com/nvanhvo

수제맥주에서 스타트업까지
동남아를 찾습니다

1판 1쇄 찍음 2020년 9월 4일
1판 1쇄 펴냄 2020년 9월 11일

지은이 방정환
펴낸이 정성원 · 심민규
펴낸곳 도서출판 눌민

출판등록 2013. 2. 28 제25100-2017-000028호
주소 서울시 마포구 월드컵로10길 37, 서진빌딩 401호 (04003)
전화 (02) 332-2486 **팩스** (02) 332-2487
이메일 nulminbooks@gmail.com

ⓒ 방정환 2020

Printed in Seoul, Korea

ISBN 979-11-87750-34-5 03910